DEUTSCH ALS FREMD

Gerhard Neuner (Hg
Lina Pilypaitytė
Sara Vicente
Carmen Cristache
Erna Szakály

deutsch.com 2

KURSBUCH

DEUTSCH ALS FREMD

Hueber Verlag

Beratung:
Monika Bayón Eder, Spanien
Maria Cristina Berger, Italien
Nataliia Borysko, Ukraine
Helena Hanuljaková, Tschechien/Slowakei
Danuta Koper, Polen
Csilla Lauth-Url, Ungarn
Bernd Schneider, Türkei

Ideen und Text der
Fotohörgeschichte Lektion 23: Franz Specht

9. 8. 7. | Die letzten Ziffern
2025 24 23 22 21 | bezeichnen Zahl und Jahr des Druckes.
Alle Drucke dieser Auflage können, da unverändert,
nebeneinander benutzt werden.
1. Auflage
© 2009 Hueber Verlag GmbH & Co. KG, 85737 Ismaning, Deutschland
Zeichnungen: Lutz Kasper, Köln; Jörg Saupe, Düsseldorf
Verlagsredaktion: Silke Hilpert, Juliane Müller, Hueber Verlag, Ismaning
Druck und Bindung: Passavia Druckservice GmbH & Co. KG, Passau
Printed in Germany
ISBN 978–3–19–001659–4

Art. 530_01042_001_07

deutsch.com setzt eine der Leitideen *des Gemeinsamen Europäischen Referenzrahmens für Sprachen (GER)* in die Praxis um: die Mehrsprachigkeit.

deutsch.com wurde für Jugendliche entwickelt, die mit dem Deutschlernen beginnen wollen, aber schon Erfahrungen mit dem Erlernen von Fremdsprachen gemacht haben. Das Mehrsprachigkeitskonzept knüpft bei der Muttersprache und den über die Muttersprache hinausgehenden Sprachkenntnissen an, aktiviert und erweitert sie. Es baut auf diese Weise „Transferbrücken" zwischen den vorhandenen Sprachen und der neu zu erlernenden Sprache Deutsch und ermuntert die Lernenden immer wieder, alles, was sie an Sprachen schon ‚im Kopf' haben, beim Deutschlernen bewusst zu aktivieren. Darüber hinaus greift es die Erfahrungen auf, die Schüler schon mit dem Fremdsprachenlernen gemacht haben. Es systematisiert und erweitert auf diese Weise insbesondere den Bereich der Lernstrategien.
Ziel ist es, effiziente und zeitsparende Lehr- und Lernverfahren für das Deutschlernen anzubieten.

deutsch.com geht bei der Auswahl der Themen von den Vorgaben der Niveaustufen des GER aus und bietet ein reiches und buntes Panorama von Lebensformen und -realitäten Jugendlicher in den deutschsprachigen Ländern aus überraschenden Perspektiven.
Dies gelingt vor allem auch durch den Einbezug moderner Textsorten und Kommunikationsformen, die die Lebensweise junger Leute und ihren aktuellen Gebrauch der deutschen Sprache bestimmen.

deutsch.com folgt einem aufgabenorientierten, kommunikativen Ansatz, der interkulturelles Lernen anregt und die Prinzipien der Mehrsprachigkeitsdidaktik bewusst einbezieht und so gestaltet ist, dass die Lernenden immer wieder zum selbsttätigen und selbstverantwortlichen Lernen angeregt werden.
Die rezeptiven und produktiven Fertigkeiten werden im Lernprozess von Beginn an gezielt in spezifischen Aufgaben und Übungen entwickelt. Grammatik, Wortschatz, Redemittel, Lern- und Kommunikationsstrategien werden systematisch aufgebaut, wobei die Progression bewusst flach gehalten wird.
Elemente von Selbstevaluation und systematische „Wiederholungsschleifen" sind wichtige Bestandteile des didaktisch-methodischen Konzepts.
Das Kursbuch ist mit seinen 18 Lektionen übersichtlich in 6 Module gegliedert.
Jede Lektion enthält zwei Doppelseiten, auf denen der neue Lehrstoff eingeführt und geübt wird.
Dazu kommen eine Journalseite mit landeskundlichen Informationen und jugendgerechten Themen sowie eine Übersichtsseite, die noch einmal den Lernstoff der jeweiligen Lektion (Wortschatz, Grammatik, Kann-Beschreibungen, Lernstrategien) übersichtlich zusammenführt.
Die Plateauseiten im Arbeitsbuch nach jedem Modul bieten zusätzliche Aufgaben zum Fertigkeitentraining und zur Projektarbeit.

Wir wünschen allen, die mit **deutsch.com** arbeiten, viel Spaß und Erfolg!

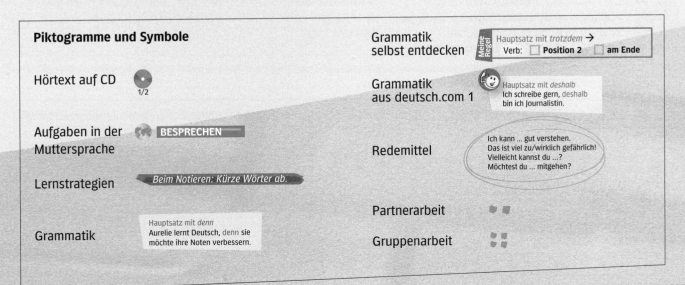

Piktogramme und Symbole

Hörtext auf CD

Aufgaben in der Muttersprache — BESPRECHEN

Lernstrategien — *Beim Notieren: Kürze Wörter ab.*

Grammatik — Hauptsatz mit *denn* / Aurelie lernt Deutsch, denn sie möchte ihre Noten verbessern.

Grammatik selbst entdecken — Meine Regel / Hauptsatz mit *trotzdem* → / Verb: ☐ **Position 2** ☐ **am Ende**

Grammatik aus deutsch.com 1 — Hauptsatz mit *deshalb* / Ich schreibe gern, deshalb bin ich Journalistin.

Redemittel — Ich kann … gut verstehen. / Das ist viel zu/wirklich gefährlich! / Vielleicht kannst du …? / Möchtest du … mitgehen?

Partnerarbeit

Gruppenarbeit

Neugierig

Clever

GRAMMATIK	Lernen lernen
Negation mit *nicht* und *kein-* Wortbildung: Adjektive mit *-ig, -lich, -isch* Verben mit Dativ *passen, gehören*	Fragewörter in den Fragen sowie die Antworten im Text markieren sich zu neuen Wörtern Bilder vorstellen sich merken: Adjektivendungen *-ig, -lich* und *-isch* sind unbetont
Perfekt I: *haben/sein* + *ge...t/ ge...en* Perfekt mit *haben* oder *sein*	sich merken: *ge-* ist immer unbetont Schlüsselwörter im Text suchen und markieren
Perfekt II: trennbare/untrennbare Verben Verben auf *-ieren*	sich merken: *ver-, er-* und *be-* sind immer unbetont

GRAMMATIK	Lernen lernen
Modalverb *sollen* Konjunktion *denn*	Wortfamilien bilden sich zu neuen Redemitteln eine kleine Geschichte überlegen
Konjunktion *trotzdem* Verben/Nomen/Adjektive mit Präpositionen	Verben/Nomen/Adjektive immer zusammen mit der Präposition lernen
Konjunktion *weil* Imperativ mit *Sie*	grammatische Regeln mit eigenen Worten erklären beim Notieren Wörter abkürzen die wichtigsten Stellen im Text markieren

GRAMMATIK	Lernen lernen
Modalverben im Präteritum Possessivartikel im Plural Konjunktion *nicht ... sondern*	beim Hören wichtige Informationen notieren sich merken: die Modalverben im Präteritum haben keinen Umlaut, aber immer ein *-t* neuen Wortschatz mit eigenen Interessen und Tätigkeiten verbinden vor dem Schreiben Ideen und Wörter sammeln beim Lesen auf grafische Elemente achten
Konjunktion *dass* Reflexivpronomen im Akkusativ Reflexive Verben	sich bei den Reflexivpronomen nur *sich* bei *er/es/sie* und *sie/Sie* merken beim Reflexivpronomen das Subjekt markieren, um das richtige Reflexivpronomen zu finden Übungen selbst machen vor dem Sprechen die Materialien vorbereiten
Konjunktiv II von *können* und *haben* Indefinitpronomen *alles, etwas, jemand, nichts, niemand* Konjunktion *außerdem*	vor dem Hören die Aufgabe lesen und überlegen beim Sprechen auf den Inhalt achten, keine Angst vor Fehlern haben mit der Sprache spielen und kreativ sein

GRAMMATIK	Lernen lernen
Komparativ Superlativ Vergleiche mit *als* und *wie*	die Komparativ- und Superlativformen zusammen lernen, die Ausnahmen auswendig lernen sich merken: der Akzent liegt immer auf den Gegensätzen
Pronomen *es* Konjunktion *wenn*	nicht immer Sätze Wort für Wort übersetzen etwas nachfragen Beispielsätze auswendig lernen
Adjektivdeklination I: bestimmter Artikel: Nominativ, Akkusativ, Dativ Deklination des Nomens: Dativ Plural Genitiv bei Eigennamen	Schlüsselwörter in den Aufgaben markieren auf die Position der Adjektive achten sich merken: *-ent* ist immer betont sich für die Adjektive im Dativ *-en* merken

Fremd

GRAMMATIK	Lernen lernen
Adjektivdeklination II: unbestimmter Artikel: Nominativ, Akkusativ, Dativ Präpositionaladverbien	beim Zusammenfassen von wichtigen Informationen W-Fragen zum Text stellen und beantworten
Temporale Präposition *bis zu* + Dativ Indefinit- und Possessivpronomen Verbkonjugation im Präteritum	beim Lesen auf die Zeitangaben achten beim Sprechen meistens Perfekt verwenden und sich bei manchen Verben die Präteritumform merken
Lokale Präpositionen *vor, hinter, neben, zwischen* + Dativ Indefinitpronomen *irgend-* Konjunktion *obwohl*	nach dem Hören die Aufgabe noch einmal lesen und wiederholt hören bei zusammengesetzten Wörtern zuerst das letzte Wort lesen, dann das ganze Wort

GRAMMATIK	Lernen lernen
Wortbildung: Nomen mit *-ung* Temporale Präposition *zu* + Dativ Fragewort *bis wann* Systematisierung: Modale und temporale Präpositionen Wechselpräpositionen Verben mit Wechselpräpositionen	sich merken: alle Nomen mit *-ung* sind feminin beim Hören auf die Geräusche achten sich merken: Wortgruppen ohne Pausen sprechen und zwischen Wortgruppen eine kleine Pause machen
Indirekte Fragesätze: - mit Fragewort: *wer, was, ...* - mit *ob* Wortbildung: Nomen mit *-schaft* Wortbildung: Adjektive mit *un-*	sich merken: alle Nomen mit *-schaft* sind feminin
Verben mit zwei Objekten: *geben, schenken, kaufen, sich wünschen, ...* Systematisierung der Konjunktionen im Haupt- und Nebensatz	vor dem Hören die Schlüsselwörter in den Aufgaben markieren die wichtigste Information im Satz betonen und kurze Pausen machen den Text mit eigenen Worten zusammenfassen

19 Leute

A Mein Nachbar ist ein Promi!

Name: Julia Jentsch
Beruf: Schauspielerin
Geboren am: 20. Februar 1978
Geboren in: Berlin
Theaterrollen: Elektra, Antigone, Desdemona, Brunhild und andere
Kinofilme: „Die fetten Jahre sind vorbei" (2004),
„Sophie Scholl – Die letzten Tage" (2005),
„Effi Briest" (2008), „Men Don't Lie" (2008) und andere

Interessantes
Größe: 1,65 m
Augenfarbe: braun
Sternzeichen: Fische
Hobbys: Klavier spielen, Ski fahren, tanzen, reiten
Sprachen: Englisch, Französisch, Italienisch

A

Cinefacts > Cinefacts Treff > Offtopic > Mein Nachbar ist ein Promi!

| Schneeball | 26.01. | 02:09:40 |

Hallo zusammen! Kennt ihr bekannte Leute, zum Beispiel
5 Filmstars, Sportler, Moderatoren – also Promis??? Erzählt
mal eure VIP-Geschichten! Ich fange schon mal an. ☺
Habt ihr auch den Film „Sophie Scholl" gesehen? Die
Hauptrolle spielt Julia Jentsch. Und – wisst ihr was – ich
main role
kenne sie!!! Sie wohnt hier ganz in der Nähe. ☺ Das
10 heißt, eigentlich kenne ich sie nicht, wir sind keine Freundinnen oder so. Aber ich treffe sie manchmal in der Stra-
ßenbahn oder im Supermarkt.
Na ja, und ich finde, sie ist total sympathisch. Sie sieht gut
aus und ihre Klamotten sind ganz normal. Und sie ist
clothes
15 immer freundlich und höflich. Das finde ich gut.
Viele Leute sagen, Stars sind arrogant. Bei Julia Jentsch
stimmt das auf jeden Fall nicht. Sie ist überhaupt nicht
correct
arrogant.   *at all*
Übrigens: Sie spielt auch Theater, aber ich kenne kein
by the way
20 Theaterstück mit ihr.
Und ihr – kennt ihr auch Promis? Oder vielleicht eher:
more
Trefft ihr manchmal Promis? Bin schon total neugierig!
curious

B

 A1 BESPRECHEN

a) Schaut die Bilder an. Kennt ihr die junge Frau? Habt ihr sie vielleicht in einem Film gesehen?
b) Schaut die Texte an. Wo kann man solche Texte finden?

A2 LESEN

Wo findest du die Antworten auf die Fragen zu Julia Jentsch? Kreuze an. (Auch zwei Antworten sind möglich.)

		A Profil	B Forumsbeitrag
1	Wann ist Julia Jentsch geboren?	a	b
2	In welchen Filmen hat sie gespielt?	a	b
3	Wie sieht sie aus?	a	b
4	Was interessiert sie?	a	b
5	Wie ist sie im Alltag?	a	b

Markiere die Fragewörter in den Fragen sowie die Antworten im Text!

A3 LESEN

Was schreibt Schneeball? Richtig oder falsch? Kreuze an.

1 Ich kenne keinen Film mit Julia Jentsch.   r **f**
2 Ich kenne Julia Jentsch nicht. Wir sind keine Freundinnen. **r** f
3 Julia Jentsch sieht nicht gut aus.   r **f**
4 Sie ist ein Star, aber sie ist nicht arrogant.   **r** f

> Negation mit *nicht* und *kein-*
> Verb: Ich kenne Julia Jentsch nicht.
>
> Adjektiv: Sie ist nicht arrogant.
>
> Nomen: Wir sind keine Freundinnen.

> Negativer Artikel: *kein-*
> Ich kenne (m) keinen Filmstar.
>   (n) kein Theaterstück.
>   (f) keine Schauspielerin.
>   (Pl) keine Filmstars.

A4 GRAMMATIK

Ergänze den Text mit *nicht* oder *kein-*.

Julchen	26.01.	14:13:29

Hallo Schneeball!

Ich kenne auch einen Promi – Tom Herrmann! Na ja, Promi: Er ist vor allem in unserer Stadt bekannt. Er ist __Kein__ [a] Schauspieler, er ist Kabarettist und wohnt in meiner Straße, aber ich kenne ihn auch __nicht__ [b] persönlich. Bei seinen Auftritten ist er immer total witzig, höflich und korrekt. Und er ist auch sehr intelligent. Na ja, aber ich glaube, im normalen Leben ist er __nicht__ [c] so nett und höflich. Er grüßt __nicht__ [d] und ist arrogant. Wahrscheinlich hat er __keine__ [e] Lust, immer witzig zu sein …

A5 BESPRECHEN

Negation mit *nicht* und *kein-*: Übersetzt die Sätze aus A3 und vergleicht.
Was ist ähnlich, was ist anders?

A6 WORTSCHATZ

Ordnet zu.

1 witzig → [a] = freundlich, korrekt
2 höflich → [b] ≠ dumm, doof
3 neugierig → [c] = lustig
4 intelligent → [d] = will alles wissen

A7 WORTSCHATZ

Ergänze die Adjektive.

neugierig	höflich	komisch
witzig		

freundlich   witzig   langweilig
sympathisch   hässlich   lustig   chaotisch

Stell dir zu jedem neuen Wort ein Bild vor!

Adjektive mit *-ig, -lich, -isch*
neug**ig**
höf**lich**
kom**isch**

A8 AUSSPRACHE

/2

Wortakzent: Hör und sprich nach.

neugierig ∣ witzig ∣ lustig ∣ langweilig
freundlich ∣ höflich ∣ hässlich
komisch ∣ sympathisch ∣ chaotisch

Merk dir: Die Endungen -ig, -lich und -isch sind unbetont!

A9 SCHREIBEN

Wählt eine bekannte Person – sie ist euer Nachbar!
Macht Notizen.
Stellt eure Person im Plenum vor und lasst
die anderen Gruppen raten: Wer ist das?

Wer ist das?
Was ist er/sie von Beruf?
Wie ist er/sie?
Was sind seine/ihre Hobbys?
…

…
Nachbar – Fußballspieler
Total cool – kennt viele Witze
Immer ironisch, manchmal
nervös

19 B Was steht mir?

B1 BESPRECHEN

Wie wichtig ist Aussehen für euch? Wie viel Zeit/Geld kostet euch das? Wer hilft euch bei Outfit-Fragen?

Hallo Leute! Ich möchte etwas ausprobieren. Und euch fragen!
Ich sehe immer ein bisschen langweilig aus. Ich will mal anders aussehen. Und da brauche ich eure Hilfe!
Also, was meint ihr: Wie sehe ich aus?

Zuerst die Haare:
Welche Frisur steht mir?

1 Kurz und glatt?

2 Lang und lockig?

3  Kurz und dunkel?

4  Lockig und blond?

Eine andere Frage:
Ich trage eine Brille!!!
Welche steht mir?

5  6

Und die Kleidung:
Elegant oder bequem?
Welcher Stil gefällt euch?

7  Mit Anzug?

8 Oder mit Jeans?

Hat jemand einen Tipp für mich? Ich bin offen für jeden Vorschlag. Danke!!! Bis dann, Christian

5 Kommentare

1 Marie 17.07. um 16:48

Hi Christian!
Ich habe eine Idee, es gibt da so eine Hotline, guckMAL heißt sie. Da beantwortet eine Stilistin deine Fragen. Ich kenne sie, sie ist echt gut! Du rufst sie einfach an und sagst ihr deine Blogadresse. Dann kann sie auch gleich deine Fotos sehen. Sie hilft dir sicher, sie hat immer einen Tipp! Die Nummer findest du auf dieser Seite … Übrigens – ich finde, kurze, dunkle Haare stehen dir richtig gut, die Brille auf Bild 6 gefällt mir aber gar nicht. Viel Glück! Marie

B2 LESEN

Ordne zu.

1 Christian
2 Marie

a will sein Aussehen ändern.
b hat eine Idee: eine Stilistin fragen!
c hat verschiedene Fotos im Internet.
d kennt eine Stilistin.

B3 HÖREN

 1/3

Wie ist die richtige Reihenfolge der Themen? Notiere.

| 2 | Frisur | 6 | Kleidung | 7 | Größe |
| 5 | Brille | 3 | Augenfarbe | 4 | Alter |

Verben mit Akkusativ
Hat jemand einen Tipp für mich?
auch so: finden, brauchen, kennen, anrufen, tragen, es gibt …

Verben mit Dativ
Welche Frisur steht mir?
Die Stilistin hilft dir.
Welcher Stil gefällt euch?

B4 HÖREN

Was ist richtig? Kreuze an.

1 Christian ist
   a groß und dünn.
   b klein und dünn.

2 Christian hat
   a kurze, hellbraune Haare.
   b lange, dunkle Haare.

3 Seine Augen sind
   a braun.
   b blau.

4 Susi meint: So stehen ihm die Haare gut:
   a hell, lockig und lang.
   b dunkel, lockig und kurz.

5 Christian trägt
   a immer eine Brille.
   b Brille oder Kontaktlinsen.

6 Die Brille auf Bild 6 gehört
   a seinem Freund.
   b seiner Mutter.

7 Der Anzug
   a passt ihm nicht so gut.
   b gefällt ihm nicht so gut.

8 Christian
   a geht auf eine Hochzeit.
   b hat ein Date.

9 Susi meint, er kann
   a Jeans und T-Shirt anziehen.
   b Jeans und Hemd anziehen.

> Verben mit Dativ: *passen, gehören*
> Der Anzug passt dir nicht.
> Die Brille gehört meiner Mutter.

B5 GRAMMATIK

Wie ist eure Meinung zu Christians Aussehen? Schreibt möglichst viele Sätze.

(Kurze, dunkle, glatte, lockige, blonde) Haare	stehen	ihm	(überhaupt) nicht.
Die Brille	gefallen	mir	(sehr) gut.
Der Anzug	passen		
Die Jeans und das T-Shirt			
Grün/Rot/Gelb ...			
Christians Brille/Anzug ...			

Dunkle, kurze Haare stehen ihm gut. Christians Brille gefällt mir sehr gut.

B6 SPRECHEN

Stilistenstunde:
a) **Sucht möglichst viele Fotos von Personen aus Zeitschriften oder Katalogen und legt sie auf den Tisch. Sucht euch eine Person aus. Sagt aber nicht, welche Person, und beschreibt sie. Die anderen raten.**
b) **Nehmt jeder ein Bild. Wie gefällt euch die Frisur/die Kleidung ... der Person? Diskutiert.**

Er/Sie ist etwa ... Jahre alt.

Er/Sie trägt ...

Seine/Ihre Augen/ Haare sind ...

Den Pullover finde ich toll/hässlich.
Die Hose gefällt mir nicht/gut.
Die Brille steht ihr/ihm überhaupt nicht/total gut/...!
Der Anzug passt ihr/ihm überhaupt nicht.
Ihre/Seine Haare sehen komisch/super ... aus!
Ihre/Seine Frisur ist toll/fantastisch ...
...

Ich finde, die Brille ...
Das gefällt mir (auch/nicht).
Das finde ich auch/nicht.
Also, ich finde das (auch/nicht) gut.

C1 BESPRECHEN

Welche Person ist für euch ein Star? Warum? Was glaubt ihr: Wie wird man ein Star?

C2 LESEN

Mach den Test.

Kannst du ein Star werden? Viele Leute denken, sie können alles.
Doch können sie das wirklich? Teste dich: Kannst du ein Star werden? **?**

1 Kannst du gut singen?
- ☐ C Ich und singen? Niemals!!
- ◉ B Ich denke, ich singe ziemlich gut ...
- ☐ A Natürlich, was ist das denn für eine Frage!!

2 Mal ganz ehrlich: Findest du dich hübsch?
- ☐ B Ich finde mich eigentlich ganz o.k., aber manche Sachen an mir gefallen mir nicht so gut!
- ☐ A Ich will jetzt nicht arrogant sein, aber ich finde mich schon hübsch!
- ◉ C Ich weiß nicht. Manchmal finde ich mich sehr hässlich.

3 Du hast einen Auftritt beim Schulfest. Bist du nervös?
- ☐ B Nein, warum? Ist doch super. Ich stehe gern mal im Mittelpunkt!
- ◉ A Ja, aber nur ein paar Sekunden, dann geht es.
- ☐ C Total!! Ich finde so was stressig und bin schon Tage vorher nervös.

4 Findest du Mode interessant?
- ☐ B Ja, ich lese manchmal Modezeitschriften.
- ◉ C Überhaupt nicht! Ich finde Mode langweilig!
- ☐ A Na klar! Mode ist total interessant! Man muss doch modische Klamotten haben!

5 Stehst du gern vor der Kamera?
- ◉ C Oh nein, das mag ich überhaupt nicht!!
- ☐ A Ja, das mache ich total gerne! Ich liebe Fotos von mir!!
- ☐ B Eigentlich schon, aber ich mag nicht direkt in die Kamera schauen.

6 Welche Adjektive beschreiben dich am besten?
- ☐ A selbstsicher – fröhlich – spontan
- ☐ C nett – ruhig – ängstlich
- ◉ B intelligent – kreativ – witzig

7 Tanzt du gern?
- ☐ B Ja, man muss ja fit bleiben!
- ☐ C Tanzen? Nein, danke! Das ist nichts für mich!
- ◉ A Ja, sehr gern – und sehr oft!

8 Welche Hobbys hast du?
- ☐ B Musik hören, Spaß haben, zeichnen
- ☐ A Freunde treffen, Party machen, tanzen/singen
- ◉ C Fernsehen, Computerspiele, Chatten

9 Im Musikunterricht musst du vor der Klasse ein Lied singen. Was machst du?
- ☐ B Ich will keine schlechte Note. Also singe ich.
- ◉ A Natürlich singe ich! Die anderen können es auch nicht besser!
- ☐ C Ich mache das nicht! Lieber bekomme ich eine schlechte Note ...

C3 LESEN

Was hast du am meisten: A, B oder C? Lies dein Ergebnis.

A Herzlichen Glückwunsch - Du bist schon jetzt ein Star! Du bist kommunikativ, hast viele Interessen und bist gern mit Leuten zusammen! Du weißt, was du kannst und stehst auch mal gern im Mittelpunkt. Du magst dich so, wie du bist! Und ganz wichtig: Die anderen mögen dich auch!! Super! Weiter so!

B Du bist noch kein Star! Du bist kreativ, witzig und optimistisch, magst andere Menschen, liebst Partys und feierst gern! Super! Aber immer im Mittelpunkt stehen, das ist nicht so wichtig für dich. Du findest das manchmal auch gar nicht so toll. Aber du kannst ein Star werden. Alles ist möglich! Ist doch toll!

C Du und ein Star? Nein, das ist nichts für dich! Laute Partys und viele Menschen sind nicht deine Welt! Viel lieber gehst du mit deiner Freundin spazieren, sitzt mit deinem Freund am Computer oder liest ein spannendes Buch. Und das ist auch völlig o.k.! Also bleib so, wie du bist! Es muss ja nicht jeder ein Star werden ...

Ich habe das Ergebnis A/B/...
Das stimmt wirklich/gar nicht ...
Ich kann doch so gut/gar nicht/ziemlich gut ...
... macht mir viel/gar keinen Spaß!
...

C4 SPRECHEN

Star oder kein Star? Sprecht über eure Ergebnisse.

GRAMMATIK

Negation mit *nicht* **und** *kein-*
Bei Verben: Ich **kenne** Julia Jentsch nicht.

Bei Adjektiven: Sie ist nicht **arrogant**.

Bei Nomen: Wir sind keine **Freundinnen**.

Verben mit Dativ: *passen, gehören*
Der Anzug passt dir nicht.
Die Brille gehört meiner Mutter.

Wortbildung: Adjektive mit *-ig, -lich, -isch*
-ig: neugierig
-lich: höflich
-isch: komisch

WORTSCHATZ

Exam!

Nomen

maskulin (m)
der Anzug, ̈e
der Auftritt, -e
der Fall, ̈e
    auf jeden Fall
der Filmstar, -s
der Kommentar, -e
der Moderator, -en
der Nachbar, -n
der Promi, -s
der Ski, -er
der Sportler, -
der Stilist, -en
der Tipp, -s

der Witz, -e

neutral (n)
das Aussehen, nur Sg.
das Date, -s
das Leben, -
das Theaterstück, -e

feminin (f)
die Augenfarbe, -n
die Frisur, -en
die Größe, -n
die Hilfe, -n
die Hochzeit, -en
die Nähe, nur Sg.
    in der Nähe

die Person, -en
die Rolle, -n
    die Hauptrolle

Verben
ändern
ausprobieren
beantworten
beschreiben
erzählen
gehören
grüßen
interessieren
meinen
passen
raten

Adjektive
arrogant
bekannt
bequem
chaotisch
dünn
fantastisch
geboren
glatt
höflich
intelligent
ironisch
komisch
korrekt
lockig
nervös

neugierig
offen
persönlich
verschieden
witzig

Adverbien
gar
überhaupt
übrigens
vor allem
wahrscheinlich

Partikeln
etwa

Das kann ich jetzt!

mich und andere vorstellen
*Ich kenne Julia Jentsch aus „Sophie Scholl". Sie wohnt hier
in der Nähe.
(am Telefon) Hier ist Christian Jürgens.*

etwas benennen/identifizieren
*Er ist kein Schauspieler, er ist Kabarettist.
Was ist er von Beruf?*

mich selbst oder jemanden beschreiben
*Ich sehe ein bisschen langweilig aus.
Ich trage eine Brille.
Sie ist total sympathisch. Sie sieht gut aus und ist immer
freundlich und nett.*

etwas verneinen
Eigentlich kenne ich sie nicht. Wir sind keine Freundinnen oder so.

Wissen/Unwissen ausdrücken
*Sie hilft dir sicher, sie hat immer einen Tipp.
Wahrscheinlich hat er keine Lust.*

ein Kompliment machen
Ich finde, kurze, dunkle Haare stehen dir richtig gut.

Gefallen/Missfallen ausdrücken
*Die Brille gefällt mir (gar nicht)!
Dunkle Haare stehen ihm gut!*

Besitz ausdrücken
Die Brille gehört seiner Mutter.

zustimmen/ablehnen
Das finde ich auch/nicht.

Lernen lernen

Markiere die Fragewörter in den Fragen sowie die Antworten im Text! → A2
Stell dir zu jedem neuen Wort ein Bild vor!   → A7
Merk dir: Die Endungen *-ig, -lich* und *-isch* sind unbetont!   → A8

A Auf der Gesundheitsmesse

A

B

🌐 A1 BESPRECHEN

**Schaut die Fotos an: Wo sind die Leute?
Was machen sie da? Sammelt Ideen.**

A2 LESEN

Schreib die Fragen zu den Antworten.

1 _Wo war Katja?_
Auf der Gesundheitsmesse.

2 _Wann warst du bei der Gesundheitsmesse?_
Am Samstag.

3 _Wer war mit Katja?_
Mit ihrer Mutter.

4 _Wie findest sie es?_
Es war toll.

Von KatjaO. | 24.08. | 16:05

Am Samstag war ich mit meiner Mutter auf der Gesundheitsmesse in Wels. Eigentlich hatte ich gar keine Lust, aber am Ende war ich doch sehr froh, weil … Aber das erzähle ich euch gleich …! Das Be-
5 sondere auf so einer Messe ist ja: Man kann sehr viel ausprobieren und mitmachen! Ich war zum Beispiel am „Gesundheits-Check"-Stand und habe an einem Computer einen Reaktionstest gemacht. Das Ergebnis: Ich bin ganz fit! ☺☺ Übrigens: Da waren auch Info-blätter über Zahnspangen. So schlimm sehen die eigentlich gar nicht
10 aus. 😬 Mein Zahnarzt hat doch gesagt, meine Zähne sind schief. Am „Sanitatis"-Stand habe ich zusammen mit anderen Besuchern Gymnastik gemacht – speziell für den Rücken. Puh, ganz schön an-strengend!! Und dann hat mir eine Mitarbeiterin noch mehrere Cremes für das Gesicht gezeigt. Auf solchen Messen kann man alle
15 möglichen Kosmetikprodukte ausprobieren!! Unglaublich, oder? Aber das war noch nicht alles: Am „Nutricius"-Stand hat ein Profi ve-getarische Gerichte gekocht, und das hat wunderbar geschmeckt! Meine Mutter hat sogar sein Kochbuch gekauft. Aber das Beste auf der Messe kommt jetzt: Jasper!!! Er ist der Sohn des Kochs und hat
20 dort gejobbt! Er war super nett, und am Ende haben wir sogar noch E-Mail-Adressen getauscht …😏 Um 19 Uhr war ich mit meiner Mutter wieder zu Hause, und um 21 Uhr hatte ich schon eine E-Mail von Jasper!! Er möchte mit mir ins Kino gehen! ☺

25 kommentieren | 2 Kommentare lesen

Von timo.werker | 24.08. | 19:23
Wow! War das alles kostenlos? Wie viel hat die Eintrittskarte denn gekostet? Kann man da auch Mädchen kennenlernen? Vielleicht komme ich nächstes Mal einfach mit! ☺

30 **Von mangamädchen | 24.08. | 21:58**
Und hast du Jasper geantwortet? ☺ Geht ihr zusammen ins Kino?

A3 LESEN

**Was kann man auf der Gesundheitsmesse
machen? Ergänze.**

Am „Gesundheits-Check"-Stand:	Am „Sanitatis"-Stand:	Am „Nutricius"-Stand:
• Tests machen	•	•
•	•	•

vegetarische Gerichte probieren

Gymnastik für den Rücken machen

Informationen über Zahnspangen lesen

Kochbücher kaufen

Tests machen

Cremes für das Gesicht ausprobieren

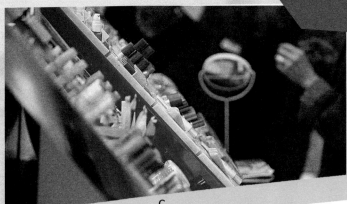

C

D

Wie viel hat die Eintrittskarte gekostet?

Hast du Jasper geantwortet?

Ich habe einen Reaktionstest gemacht.

A4 GRAMMATIK

Ergänze.

	Position 1	Position 2	...	am Ende
Aussage und W-Frage				
Ja/Nein-Frage	Position 1	Position 2	...	am Ende

> Perfekt: regelmäßige Verben
> Hilfsverb + Partizip Perfekt
> z.B.: Ich habe ... gemacht.
> Er hat ... gesagt.
> ⚠ kosten/antworten
> Wie viel hat die Eintrittskarte gekostet?
> Hast du ihm geantwortet?

A5 GRAMMATIK

Katja und Jasper am „Nutricius"-Stand: Was erzählen sie?
Ergänze die Verben im Perfekt.

zeigen   kochen   schmecken   kaufen   jobben   machen (2x)

● Und? [a] Hat dir das Essen geschmeckt ?
■ Oh ja, es war sehr lecker. Meine Mutter [b] sogar euer Kochbuch _____.
● Schön!!
■ Warst du auch letztes Jahr hier?
● Ja. Mein Vater [c] letztes Mal schon hier _____.
Und ich [d] _____.
Und du? Ist das deine erste Gesundheitsmesse?

■ Ja! Eigentlich hatte ich keine Lust, aber so eine Messe ist doch super!
● Das stimmt! ... Was [e] du hier schon alles _____?
■ Oh, ganz viel. Ich war am „Gesundheits-Check"-Stand, ich [f] Gymnastik _____, eine Mitarbeiterin vom „Sanitatis"-Stand [g] mir tausend Cremes _____ usw.
● Ah, Entschuldigung, mein Vater ruft, ich muss gehen. Aber ich komme gleich wieder.

A6 AUSSPRACHE

/4

Wortakzent: Hör, markiere und sprich nach.

machen – gemacht | zeigen – gezeigt | schmecken – geschmeckt

sagen – gesagt | kochen – gekocht | kosten – gekostet

> *Merk dir: ge- ist immer unbetont!*

A7 SPRECHEN

Würfelt und macht Sätze im Perfekt. Die anderen Schüler aus der Gruppe kontrollieren.
Wer bildet die meisten richtigen Sätze?
Für jeden richtigen Satz bekommt ihr einen Punkt.

suchen	machen
sagen	kaufen
tauschen	hören
kosten	kochen
jobben	schmecken
antworten	tanzen

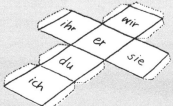

Sie hat Jasper geantwortet.

Wir haben auf der Messe getanzt.

Ich habe heute gekocht.

ihr   wir   er   sie   du   ich

A

B

B1 BESPRECHEN

Schaut die Fotos an. Überlegt: Was passiert im Hörtext?

B2 HÖREN

1/5

Lies die Texte. Welcher Text passt zum Hörtext? Kreuze an.

a] Stefan ruft Ulrike an. Sie war heute beim Arzt und sie hat Stress in der Schule. Stefan möchte Ulrike besuchen.

b] Ulrike ruft Stefan an. Sie war heute den ganzen Tag zu Hause, sie hat Grippe. Stefan kann Ulrike leider nicht besuchen.

c] Stefan ruft Ulrike an. Sie war heute beim Arzt, sie hat Grippe. Stefan möchte Ulrike besuchen.

B3 HÖREN

1/5

Was ist richtig? Kreuze an.

1 Was ist mit Ulrike los?
a] Sie ist sehr müde.
b] Sie hat Kopfschmerzen.
c] Sie hat Fieber und Schnupfen.

2 Wann war Ulrike beim Arzt?
a] Am Morgen.
b] Am Nachmittag.
c] Am Abend.

3 Wie lange muss Ulrike im Bett bleiben?
a] Zwei Tage.
b] Vier Tage.
c] Eine Woche.

4 Wie war es für Stefan in der Schule?
a] Interessant. Er hat viel gelernt.
b] Langweilig. Er hat nichts gemacht.
c] Furchtbar. Er hat einen Test geschrieben.

5 Was hat Ulrike heute gemacht?
a] Sie hat nur geschlafen.
b] Sie hat zuerst gegessen und dann gelesen.
c] Sie hat zuerst gelesen und dann geschlafen.

6 Wo war Stefan?
a] Zu Hause.
b] Beim Fußballtraining.
c] Bei einem Freund.

7 Was bringt Stefan Ulrike mit?
a] Die Hausaufgaben.
b] Suppe.
c] Tabletten.

8 Wann kommt Stefan zu Ulrike?
a] Gleich.
b] Er geht zuerst nach Hause.
c] Morgen.

B4 WORTSCHATZ

Ordne zu.

Ulrike

1 **ist** heute nicht zur Schule — a] **ge**fahr**en**.
2 **ist** am Morgen zum Arzt — b] **ge**les**en**.
3 **hat** ein Buch — c] **ge**gess**en**.
4 **hat** Tabletten — d] **ge**trunk**en**.
5 **hat** Suppe — e] **ge**nomm**en**.
6 **hat** Kamillentee — f] **ge**gang**en**.

B5 GRAMMATIK

Ergänze *ist*, *hat* und die Partizipien. B4 hilft!

Infinitiv		Hilfsverb + Partizip Perfekt
lesen		hat gelesen
essen		hat gegessen
trinken	Ulrike	hat getrunken
nehmen		hat genommen
gehen		⚠ ist gegangen
fahren		⚠ ist gefahren

B6 GRAMMATIK

Kreuze an.

> **Meine Regel**
>
> Perfekt: Hilfsverb *sein* oder *haben*?
>
> Bewegung 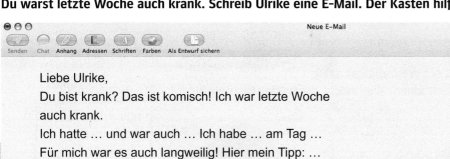 → ☐ mit *sein*   ☐ mit *haben*

> Perfekt: unregelmäßige Verben
>
> Hilfsverb + Partizip Perfekt
>
> z.B.: Ich bin ... gegangen.
> Ich habe ... gelesen.

B7 AUSSPRACHE

/6

Wortakzent: Hör, markiere und sprich nach.

gehen – gegangen ▮ essen – gegessen ▮ trinken – getrunken

nehmen – genommen ▮ fahren – gefahren ▮ lesen – gelesen

B8 GRAMMATIK

Ergänze die Verben im Perfekt.

○○○   Neue E-Mail

Senden Chat Anhang Adressen Schriften Farben Als Entwurf sichern

Hallo,

ich [a] *habe* Dir lange nicht mehr _geschrieben_ *(schreiben)*! Es tut mir leid, aber Du weißt ja, ich habe immer so

wenig Zeit … Jetzt habe ich aber viel Zeit. Ich habe Grippe und muss leider zu Hause bleiben. In den letzten Tagen

[b] *habe* ich nur _geschlafen_ *(schlafen)*, ganz wenig _gegessen_ *(essen)* und jeden Tag heiß _gebadet_ *(baden)*. Ein einziges

Mal [c] *habe* ich einen kleinen Spaziergang _gemacht_ *(machen)* (meine Mutter war nicht da!). Stefan (Du weißt schon,

der Nette in meiner Klasse ☺) und ich _bin_ in den Park _gegangen_ *(gehen)* und wir [e] *haben* da im Café einen Tee

zusammen _getrunken_ *(trinken)*. Und wen sehe ich da im Café? Frau Stränge, meine Mathelehrerin! So ein Pech! Ich

bin natürlich sofort ganz schnell nach Hause _gegangen_ *(gehen)*. Meine Mutter war auch schon da, und sie war

richtig sauer! … Sie [g] *haben* mir _gesagt_ *(sagen)*, so ein Spaziergang kann sehr schädlich sein! Was für ein Stress!

Tja, und am nächsten Tag hatte ich noch mehr Fieber und war auch ziemlich schwach … ☹ Jetzt muss ich echt

vorsichtig sein. Ich brauche viel Ruhe und darf nicht mehr raus! Aber das ist so langweilig!!

Liebe Grüße,

Ulrike

B9 SCHREIBEN

Du warst letzte Woche auch krank. Schreib Ulrike eine E-Mail. Der Kasten hilft.

○○○   Neue E-Mail

Senden Chat Anhang Adressen Schriften Farben Als Entwurf sichern

Liebe Ulrike,

Du bist krank? Das ist komisch! Ich war letzte Woche

auch krank.

Ich hatte … und war auch … Ich habe … am Tag …

Für mich war es auch langweilig! Hier mein Tipp: …

Gute Besserung!

Liebe Grüße,

- Du zeigst Mitleid:
  … Es tut mir sehr leid!/… Schade!

- Was hattest du?
  Schnupfen/Fieber/Schmerzen/
  Grippe/…

- Welches Medikament hast du
  genommen? Wie oft?
  Tabletten/Tropfen/… ein-/zwei-
  /dreimal pro Tag

- Du gibst Ulrike einen Rat:
  fernsehen/einen Roman lesen/
  ein Puzzle machen/chatten/…

1 Immer mehr Ärzte und Psychologen haben die gleiche Meinung: Lachen macht gesund und glücklich. Aber wann lachen wir eigentlich? „Es gibt vier Situationen.", erklärt Karen Odenthal, eine Lachtherapeutin aus München, „Wir erleben schöne Momente, sind glücklich und deshalb lachen wir. Oder ein Freund erzählt uns einen Witz – das bringt uns auch zum Lachen. Drittens: Wir erleben eine peinliche, aber lustige Situation (z.B.: Wir tragen ein T-Shirt verkehrt herum)! Das ist erst mal unangenehm, aber dann doch sehr witzig. Wir lachen, und die anderen natürlich auch! Ein letztes Beispiel: Jemand kitzelt uns. Auch hier ist das Lachen ein ‚Muss'."

2 Lachen ist die beste Medizin – das meint auch Dr. Madan Kataria aus Indien, der „Vater" der Lachmedizin. 1995 hatte der Arzt eine Idee: Leute treffen sich in einem Park und lachen – einfach so. „Lachen ohne Grund" war (und ist immer noch) sein Motto. Dr. Kataria erzählt keine Witze und kitzelt auch niemanden. Sein Rezept: psychologische Tricks (wie z.B. Rollenspiele) und Yoga-Übungen.

3 Lachen ist anstrengend, aber auch ein richtiger „Fitmacher". Bei einem „Hahaha" aktivieren wir 18 Muskeln im Gesicht, am ganzen Körper sogar 80. Lachen reduziert Stress und ist die beste Aerobic-Übung gegen Angst und Depressionen. Wer also viel lacht, dem geht es besser.

4 Auf der ganzen Welt gibt es 3500 Lachklubs, 50 davon alleine in Deutschland. Lach-Yoga-Spezialisten zeigen, wie es geht. Man muss nicht besonders viel Humor haben. Man kann auch ohne Grund lachen. Und genau das lernt man in einem solchen Lachklub. Schon die Namen der Übungen sind sehr witzig: Milch-Shake-Lachen, Meter-Lachen, Handy-Lachen (mit einem imaginären Telefon am Ohr), Tarzan-Lachen usw. Es gibt sogar einen Weltlachtag. Viele Menschen aus aller Welt feiern diesen Tag am ersten Sonntag im Mai.

C1 SPRECHEN

Schaut die Fotos an. Warum lachen diese Leute? Was glaubt ihr? Sammelt Gründe.

> Ich glaube, auf Foto A kitzelt ihn/sie jemand.
> Auf Foto hat er/sie vielleicht Geburtstag/Urlaub/...
> Ich denke, auf Foto
> ... erzählt jemand einen Witz.
> ... bekommt er/sie gerade eine gute Nachricht.
> ... ist er/sie verrückt.

C2 LESEN

Fragen und Abschnitte: Ordne zu.

		Abschnitt
a	Wo kann man lachen lernen?	☐
b	Warum ist Lachen gesund?	☐
c	Woher kommt die Lachmedizin?	☐
d	Wann lachen wir?	☐

C3 LESEN

Markiere die Antworten im Text.

1 In welchen Situationen lachen wir?

2 Welche Idee hatte Dr. Kataria?

3 Warum ist Lachen ein „Fitmacher"?

4 Was macht man in einem Lachklub?

Such die Schlüsselwörter im Text und markiere sie!

C4 SCHREIBEN

Erfindet einen Lachkurs und macht ein Werbeplakat dazu. Recherchiert im Internet und sammelt Ideen. Wer macht die beste Werbung?

Lacht mal wieder!

Hallo! Wollt ihr auch mal richtig lachen?
Zum Samstagslachen seid ihr herzlich eingeladen!
Der Lachklub Hihihi organisiert jeden Samstag um 10:00 Uhr
ein Lach-Treffen im Stadtpark. Unsere Übungen:
Dampflokomotive-Lachen, Hühner-Lachen, Rasenmähen-Lachen,
Löwen-Lachen usw.

Kommt mal vorbei!

> Name des Klubs?
> Treffpunkt?
> Übungen?
> Ein lustiges Bild?
> ...

GRAMMATIK

Perfekt bei regelmäßigen und unregelmäßigen Verben

Regelmäßige Verben	**Unregelmäßige Verben**
haben/sein + ge...t	*haben/sein + ge...en*
Ich habe einen Reaktionstest gemacht.	Ulrike ist zum Arzt gefahren.
Sie hat mir Cremes gezeigt.	Ulrike hat Tabletten genommen.

Perfekt mit *haben* **oder** *sein*

Perfekt mit *haben*	**Perfekt mit** *sein*
Ulrike hat ein Buch gelesen.	Ulrike ist nicht zur Schule gegangen.

Syntax: Perfekt

	Position 1	**Position 2**	**...**	**am Ende**
Aussage	*Ulrike*	*ist*	*zum Arzt*	*gefahren.*
W-Frage	*Wie viel*	*hat*	*die Eintrittskarte*	*gekostet?*
Ja/Nein-Frage	*Hast*	*du*	*Jasper*	*geantwortet?*

WORTSCHATZ

Nomen

maskulin (m)
der Arbeiter, -
  der Mitarbeiter, -
der Besuch, -e
  der Arztbesuch, -e
der Eintritt, nur Sg.
  die Eintrittskarte, -n
der Koch, ⁼e
der Profi, -s
der Rat, nur Sg.
der Roman, -e
der Rücken, -
der Schnupfen, nur Sg.
der Sohn, ⁼e
der Spaziergang, ⁼e
der Tropfen, -

neutral (n)
das Blatt, ⁼er
  das Infoblatt, ⁼er
das Ergebnis, -se
das Fieber, nur Sg.
das Gericht, -e
das Gesicht, -er
das Medikament, -e
das Pech, nur Sg.
das Produkt, -e
  das Kosmetikprodukt, -e
das Puzzle, -s

feminin (f)
die Besserung, nur Sg.
die Creme, -s
die Gesundheit, nur Sg.
die Grippe, -n

die Gymnastik, nur Sg.
die Reaktion, -en
  der Reaktionstest, -s
die Tablette, -n
die Zahnspange, -n

Verben
baden
probieren
rufen, hat gerufen
tauschen

Adjektive
besondere
einzig
furchtbar
heiß

sauer
  Meine Mutter
  war sauer.
schädlich
schlimm
schwach
vegetarisch
vorsichtig

Pronomen
mehrer-
  mehrere Cremes
solch-

Das kann ich jetzt!

Freude ausdrücken
Am Ende war ich doch sehr froh!

über das Befinden sprechen
Ich bin ganz fit!
Ich hatte Fieber und Schnupfen.

über die Vergangenheit sprechen
Warst du auch letztes Jahr hier?
Ja, mein Vater hat letztes Mal schon hier gekocht.

eine Äußerung abschließen
Entschuldigung, ich muss gehen.

sagen, dass jemand nicht da ist
Stefan kommt gleich.

Überraschung ausdrücken
Das ist komisch!

gute Wünsche ausdrücken
Gute Besserung!

Lernen lernen

Merk dir: *ge-* ist immer unbetont! → A6
Such die Schlüsselwörter im Text und markiere sie! → C3

21 Sport

A Jugend trainiert für Olympia

JUGEND TRAINIERT FÜR OLYMPIA
ist der weltgrößte Schulsportwettbewerb …

… mit jährlich rund 900.000 Sporttalenten in 15 Sportarten (Badminton, Basketball, Beach-Volleyball, Fußball, Geräteturnen, Handball, Hockey, Judo, Leichtathletik, Rudern, Schwimmen, Skilanglauf, Tennis, Tischtennis, Volleyball) und drei Bundesfinalveranstaltungen pro Jahr: Frühjahrs- und Herbstfinale in Berlin, Winterfinale an wechselnden Orten.

JUGEND TRAINIERT FÜR OLYMPIA ist ein Wettkampf für Jungen und Mädchen im Alter von 9 bis 19 Jahren.
JUGEND TRAINIERT FÜR OLYMPIA steht für positive Werte wie Teamgeist und Fair Play.

A1 BESPRECHEN

**Schaut die Bilder an.
Was meint ihr? Was ist das?
Welche Sportarten kann man da machen?**

A2 LESEN

Beantworte die Fragen in Stichwörtern.

1 Wer kann mitmachen?
2 Wie viele nehmen teil?
3 Wie viele Sportarten gibt es?
4 Wo finden die Frühjahrs- und Herbstfinale statt?

A3 HÖREN

1/7

Teil 1: Was ist richtig? Kreuze an.

1 Was hat Markus beim Finale in Lübeck gemacht?
   a Er hat zugesehen.
   b Er hat mitgespielt.

2 Welche Wettkämpfe hat Markus gestern gesehen?

a Schwimmen b Beach-Volleyball c Leichtathletik d Skilanglauf e Tischtennis

A4 HÖREN

1/8

Teil 2: Was ist richtig? Kreuze an.

Tischtennis:
1 a Die Mädchen   b Die Jungen   haben super gespielt.
2 Sie haben   a den ersten   b den zweiten Platz   erreicht.

Schwimmen:
3 Die Jungen haben   a den ersten   b den fünften Platz   erreicht.
4 Die Organisatoren haben a Ex-Profi-Sportler b den Sportminister   eingeladen.
5 Die Gewinner haben   a eine Badehose   b eine Schwimmbrille   bekommen.

Beach-Volleyball:
6 Die Schule hat   a nur Jungen   b nur Mädchen   angemeldet.
7 Die Mannschaft hat am Ende a gewonnen.   b verloren.

Ergänze die Partizip-Perfekt-Formen aus A3 und A4.

Infinitiv: trennbare Verben	Partizip Perfekt	Infinitiv: untrennbare Verben	Partizip Perfekt
anmelden	angemeldet	**be**kommen	bekommen
einladen	eingeladen	**er**reichen	erreicht
zusehen	zugesehen	**ver**lieren	verloren
mitspielen	mitgespielt	**ge**winnen	gewonnen
		stattfinden	stattgefunden

Perfekt:
Trennbare Verben
einladen → er/sie hat ... eingeladen
anmelden → er/sie hat ... angemeldet

Untrennbare Verben
erreichen → er/sie hat ... erreicht
bekommen → er/sie hat ... bekommen

/9

Wortakzent: Hör, markiere und sprich nach.

anmelden ❙ verlieren ❙ erreichen ❙ mitspielen ❙ zusehen ❙ bekommen ❙ gewinnen ❙ einladen

Merk dir: ver-, er- und be- sind immer unbetont!

Was hat Markus in sein Tagebuch geschrieben?
Ergänze die Verben in der richtigen Form.

anrufen ❘ anmelden ❘ einladen ❘ gewinnen ❘ zusehen ❘ erreichen ❘ mitspielen ❘ verlieren
verloren

15. April, Samstag

Gestern war das große Beach-Volleyball-Finale in Lübeck. Die Schule hat eine Mannschaft [a] *angemeldet. Aus der Klasse haben vier Mädchen* [b] *mitgespielt. Wir hatten keine Jungen-Mannschaft, deshalb habe ich nur* [c] *zugesehen. Schade, aber das war auch o.k. Das erste Spiel haben die Mädchen leider*

[d] *verloren. Aber dann! Juhu! Dann waren sie doch sehr gut und haben das Spiel am Ende* [e] *gewonnen! Damit haben sie den ersten Platz* [f] *erreicht. Das war echt super!*
Lara hat mich gestern Abend zu Hause [g] *angerufen. Am Freitag möchte ich eine Party machen und ich habe sie auch* [h] *eingeladen. Sie hat „vielleicht" gesagt! Ich muss sie noch mal fragen. Hoffentlich kommt sie zur Party ... Na ja, mal sehen.*

Wer ist der Sportexperte/die Sportexpertin in der Klasse?

a) **Sammelt Sportereignisse aus der ganzen Welt und aus eurem Heimatland.**

> bei den Tennis Open – in Wimbledon – bei der Fußballweltmeisterschaft ... – im Eishockey – beim Basketball – beim Tischtennis – im Turnen – beim Handball – bei der Formel 1 in ... – im Skifliegen – im Eislaufen – beim Boxen – im Rugby

b) **Formuliert mindestens drei Fragen wie im Beispiel.**

Wer hat am Sonntag bei den US Tennis Open gewonnen?
Wie oft hat Rafael Nadal in Wimbledon verloren?
...

> - wie oft/wann/wo/wer/...
> - welches Land/welche Mannschaft ...
> - den 1./2. Platz/das Finale ... erreichen
> - im (Halb)Finale/beim Endspiel/...
> - ... gewinnen/verlieren/mitspielen ...

c) **Fragt eure Partner. Wer ist der Sportexperte/die Sportexpertin in der Klasse?**

A

ARTISTIK AUF 4 RÄDERN

Cliffhanger

Mit dem Quad

Quad-Bahn

Quad ist ein Motorrad mit vier Rädern. Die Freestyle-Fahrer machen verschiedene Tricks mit dem Quad in der Luft wie z.B. einen Cliffhanger.
5 Neonlicht hat dazu die zwei deutschen Quad-Freestyle-Profis Uwe Naumann und René Großmann interviewt.

Neonlicht [a] Wie habt ihr mit dem
10 Freestyle-Quad angefangen?
Uwe: Ich bin vor drei Jahren noch mit dem Motorrad Freestyle-Motocross gefahren. Dann habe ich aber mal das Quad getestet und es hat mir so-
15 fort sehr viel Spaß gemacht. Später habe ich dann ein Quad für mich gekauft und mit den ersten Shows angefangen. René hat es dann ca. ein halbes Jahr später ausprobiert. Er hat
20 es auch super gefunden. Er ist früher auch Freestyle-Motocross gefahren.

Neonlicht [b] Wo könt ihr trainieren?
René: Damals zu Motocross-Zeiten
25 haben wir immer irgendwo im Wald trainiert. Das war aber manchmal wirklich zu gefährlich. Jetzt haben wir eine tolle Quad-Bahn von der Stadt

Moritzburg bekommen und üben dort für unsere Shows. 30

Neonlicht [c] Wie gefählich ist das Quadfahren?
René: Na ja, ein Quad ist eben kein Spielzeug. Das Verletzungsrisiko ist bei Extremsportarten schon sehr hoch. 35 Man muss viel trainieren und verschiedene Tricks versuchen und ein bisschen vorsichtig sein. Dann ist das Risiko nicht mehr so hoch.

Neonlicht [d] Und ist schon 40 einmal etwas passiert?
René: Mit dem Quad noch nicht. Aber mit dem Motorrad hatte ich schon einmal einen Unfall und war für ein paar Tage im Krankenhaus. 45
Uwe: Na ja, ich hatte letztes Jahr mit dem Quad einen kleinen Unfall. Es ist beim Training passiert. Aber zum Glück war es nicht so schlimm. Ich war nur leicht verletzt. 50

Neonlicht [e] Wo kann man euch dieses Jahr noch sehen?
Uwe: Die aktuellen Termine kann man immer auf unserer Internetseite www.highjumper.de sehen. 55

Neonlicht Wir wünschen euch erfolgreiche und vor allem unfallfreie Shows. Vielen Dank für das nette Gespräch. Und denkt dran: Seid vorsichtig! 60

B1 BESPRECHEN

Schaut den Titel und die Fotos an. Was ist Freestyle-Quad? Kennt ihr andere Extremsportarten?

B2 LESEN

Ergänze die Fragen im Interview.

Wie habt ihr mit dem Freestyle-Quad angefangen?
Wo könnt ihr trainieren?
Wo kann man euch dieses Jahr noch sehen?
Und ist schon einmal etwas passiert?
Wie gefährlich ist das Quadfahren?

B3 LESEN

Ordne zu.

1 Uwe und René sind zuerst Motorrad gefahren.
2 Früher haben Uwe und René im Wald trainiert.
3 Quad fahren ist gefährlich.
4 René hatte mit dem Motorrad einen Unfall.
5 Uwe hatte mit dem Quad schon einen Unfall.

[a] Heute üben sie auf der Quad-Bahn für ihre Shows.
[b] Das ist beim Training passiert. Er war aber nicht schwer verletzt.
[c] Erst später haben sie das Quad ausprobiert.
[d] Man muss viel üben und auch vorsichtig sein. Dann ist das Risiko nicht mehr so hoch.
[e] Er war sogar im Krankenhaus.

B4 GRAMMATIK

Ergänze die Partizip-Perfekt-Formen der Verben auf *-ieren* aus B3.

Infinitiv	Partizip Perfekt
ausprobieren	er/sie hat _____
trainieren	er/sie hat _____
passieren	⚠ es ist _____

Perfekt: Verben auf *-ieren*
train**ieren** → er/sie hat … train**iert**

B5 GRAMMATIK

Ergänze die Verben in der richtigen Form.

organisieren   fotografieren
gratulieren   trainieren   telefonieren

Trainingscamp

PUH! Im Camp haben wir 5-7 Stunden pro Tag [a] *trainiert*. Ich habe sogar einen Preis gewonnen.

Ich habe auch im Camp viel [b] ____. Da habe ich so coole Fotos gemacht.

Mit Carla habe ich natürlich jeden Tag [c] ____. Ich habe sie total vermisst. ☺

Wieder zu Hause. Meine Freunde haben eine Überraschungsparty [d] ____ und mir [e] ____.

B6 SCHREIBEN

a) **Sammelt vier bis fünf Fotos zu einem Sportereignis. Schreibt Sätze zu jedem Bild wie in B5. Gebt dem „Fotoalbum" einen Titel.**
b) **Präsentiert das Fotoalbum in der Gruppe. Setzt es auf die Homepage der Schule.**

Das Spiel im Juni gegen den FC Karlsruhe
Snowboarden 2007 in …
Der erste Platz im Judo …

irgend- Somei

Snowboarden 2007 in Österreich
Zum ersten Mal mit dem Snowboard. Ich habe in Österreich trainiert. Das war ziemlich cool, aber auch ein bisschen gefährlich.

Das Spiel im Juni gegen den FC Karlsruhe
Das war letztes Jahr im Sommer. Mein erster Stadionbesuch: FC Bayern München gegen FC Karlsruhe. Mein Vater hat alles organisiert.

A

B

C

D

E

FIEBER

Strophe 1
Wir sind eine Einheit
Nichts kann unsere [a] *Welle* brechen
Und von diesem Moment
Werden wir noch lange sprechen
Wir sind nicht allein
Wir sind ein ganzes [b]
Von lachenden Gesichtern
Uns zu stoppen wäre schwer.

Refrain:
Wir haben [c]
Komm fieber mit
100.000
Folgen dir auf Schritt und Tritt
Wir haben Fieber
Komm sei dabei
Wir erleben [d]
Und heben ab, denn wir sind frei!

Strophe 2
Die Nacht wird zum Tag
Schlafen kannst du immer
Komm mit auf die Straße
Versteck dich nicht in deinem Zimmer
Du bist mitten drin
Merkst du, dass grad was Großes passiert?
Die Stimmung ist am [e]
Das [f] explodiert.

Refrain:
Wir haben Fieber
Komm fieber mit
...

Strophe 3
Die Stadt ist hell erleuchtet
Hörst du die Schreie auf den Straßen
Die Menge, wie sie tobt,
Den [g] in den Gassen
Sie strahlen in allen Farben
Die [h] , die sie schwenken
Siehst du sie hüpfen, springen, tanzen
Wie sie uns das Fieber schenken.

Margin glosses:
eine Einheit sein = zusammen gehören
unsere Welle brechen = uns stoppen

mitfiebern = mitmachen

jmdm. auf Schritt und Tritt folgen =
mit einer Person mitgehen

abheben = in die Luft fliegen

verstecken = nicht allein im Zimmer
bleiben

die Stimmung = die Atmosphäre

schreien = laut sprechen
toben = feiern und tanzen

schwenken = hin und her bewegen

1/10

C1 BESPRECHEN

**Lest den Titel und schaut die Fotos an.
Was passiert? Was bedeutet hier „Fieber"?**

C2 HÖREN

Ergänze die Wörter.

Thermometer   Meer
Jubel   Fieber   Siedepunkt
Fahnen   Welle   Emotionen

C3 SCHREIBEN

**a) Mach eine Fan-Collage (Fotos, Autogramme, Tickets etc.)
von dir: Von wem bist du Fan? Was machst du als Fan?
Schreib einen Text dazu.**

> Musik, Literatur, Kunst,
> Film, Fernsehen, Sport ...

b) Stell deine Collage im Plenum vor.

> *Sport: Fernando Torres*
> *Ich bin Fan von Fernando Torres. Sein Spitz-*
> *name ist El Niño. Er ist super süß! Ich spiele*
> *kein Fußball, aber ich habe sein Trikot und ein*
> *Autogramm von ihm. Bei Spielen von FC*
> *Liverpool gehe ich manchmal ins Stadion.*
> *Dann trage ich sein Trikot.* ☺

GRAMMATIK

Perfekt bei trennbaren Verben: mit *-ge-*
zu|sehen: Markus hat beim Finale in Lübeck zugesehen.

Perfekt bei untrennbaren Verben: ohne *-ge-*
erreichen: Die Mädchen haben den ersten Platz erreicht.
auch so: bekommen – hat bekommen, verlieren – hat verloren, gewinnen – hat gewonnen

Perfekt bei Verben auf *-ieren*: **ohne** *-ge-*
trainieren: Im Camp haben wir 5 Stunden pro Tag trainiert.
auch so: fotografieren, gratulieren, organisieren, telefonieren

WORTSCHATZ

Study!

Nomen
maskulin (m)
der Beach-Volleyball, nur Sg.
der Minister, -
 der Sportminister, -
der Platz, ⸚e
 den ersten Platz erreichen
der Preis, -e
 einen Preis gewinnen
der Skilanglauf, nur Sg.
der Termin, -e
der Unfall, ⸚e
der Wert, -e
der Wettbewerb, -e
der Wettkampf, ⸚e

neutral (n)
das Ereignis, -se
das Finale, -
das Frühjahr, nur Sg.
das Gespräch, -e
das Motorrad, ⸚er
das Risiko, Risiken
das Spielzeug, -e

das Stadion, Stadien
das Tischtennis, nur Sg.

feminin (f)
die Bahn, -en
die Jugend, nur Sg.
die Leichtathletik, nur Sg.
die Luft, nur Sg.
die Mannschaft, -en
die Sportart, -en
die Verletzung, -en
die Überraschung, -en

Verben
an|melden
erreichen
fotografieren
gratulieren
mit|spielen
organisieren
statt|finden, hat stattgefunden
teil|nehmen, hat teilgenommen
testen
trainieren

verlieren, hat verloren
versuchen
zu|sehen, hat zugesehen

Adjektive
aktuell
erfolgreich
gefährlich
halb
 ein halbes Jahr
leicht
positiv
verletzt

Adverbien
circa = ca.
damals
gestern

Das kann ich jetzt!

Zeitangaben machen
Gestern war das Beach-Volleyball-Finale in Lübeck.
René hat es dann ca. ein halbes Jahr später ausprobiert.

jemanden warnen
Das ist zu gefährlich.
Seid vorsichtig!

ein Geschehen ausdrücken
Und ist schon einmal etwas passiert?
Ich hatte letztes Jahr mit dem Quad einen kleinen Unfall. Es ist beim Training passiert.
Ich war nur leicht verletzt.

Lernen lernen

Merk dir: *ver-*, *er-* und *be-* sind immer unbetont!   → A6

Sprachen

A Tipps zum Fremdsprachenlernen

A

B

A1 BESPRECHEN

a) Schaut die Fotos an: Wie lernt ihr Fremdsprachen? Was findet ihr wichtig?

b) Schaut die Texte an: Wo findet man solche Texte?

A2 LESEN

Beantworte die Fragen.

1 Welches Problem hat Anja?

2 Was braucht sie?

Gesendet am 3. Juli um 22.12

Anja 293

Hallo ihr alle,

ich bin eigentlich eine gute Schülerin, aber in Englisch und Französisch habe ich nicht so gute Noten. Was soll ich nur tun? Habt ihr vielleicht ein paar Tipps für mich? Wie lernt ihr Fremdsprachen? Könnt ihr mir helfen? Danke! Gruß Anja

---

Gesendet am 4. Juli um 14.03

Felixpower

Hi Anja,

ich hatte das gleiche Problem mit Spanisch, und ich habe im Juli einen Sprachkurs in Sevilla gemacht. Es war wirklich toll! Man verbessert seine Sprachkenntnisse, man lernt viele Leute kennen (Ausländer, aber auch Spanier!) und am Ende bekommt man noch ein Zertifikat! Und meine Noten in der Schule sind jetzt super! Das einzige Problem bei den Kursen: Sie sind ziemlich teuer! ... Ich wünsche dir viel Glück! Grüße Felix

---

Gesendet am 4. Juli um 14.33

Kara

Hi!

Also was mir beim Französisch lernen hilft: Ich schaue mir Filme im Original mit Untertiteln auf Französisch an und höre Internetradio. Und auf meinem MP3-Player habe ich fast nur Musik aus Frankreich. Die Texte zur Musik finde ich immer im Internet. Die schwierigen Sätze schreibe ich ab, höre noch einmal zu, und ich spreche sie mehrmals aus. So lernt man viele Wörter und übt auch noch die Aussprache! Ich wünsche dir viel Spaß! Kara

---

Gesendet am 4. Juli um 20.57

Steffi 1001

Hallo Anja!

Vor Lateinklassenarbeiten lerne ich immer mit meinen Mitschülern zusammen. Ein Schüler spielt den Lehrer und unterrichtet; die anderen sind Schüler und lernen. Jeder von uns muss einmal den Lehrer spielen, die Grammatik erklären, Fragen beantworten und Fehler korrigieren. Die anderen lösen Aufgaben, schlagen Wörter im Wörterbuch nach und notieren Probleme oder Fehler. Ich finde diese Methode super! Vielleicht lernst du auch mal mit Mitschülern zusammen? ... Ich drücke dir die Daumen! Liebe Grüße Steffi

---

C

A3 LESEN

Was schreiben die Jugendlichen? Ergänze.

1 Felix

_____ machen
Sprachkenntnisse _____
Leute _____
_____ bekommen

2 Kara

Filme im Original _____ und
Internetradio _____
schwierige Sätze _____
Sätze mehrmals _____

3 Steffi

mit Mitschülern _____
Fragen _____
Fehler _____
_____ nachschlagen

A4 WORTSCHATZ

Notiere die Wörter aus dem Text zur Wortfamilie „Sprache".

Bilde Wortfamilien! Das hilft beim Lernen!

Fremdsprache

(Sprache)

A5 GRAMMATIK

Was denkt Anja? Bilde Sätze mit *sollen*.

1 Besuch einen Sprachkurs im Ausland!
2 Schau Filme an oder hör Radio in der Fremdsprache!
3 Lern mit anderen Schülern!

1. Also, ich soll einen Sprachkurs
   im Ausland besuchen.
2.
3.

> Modalverb: *sollen*
> Also, ich soll einen
> Sprachkurs im Ausland
> besuchen.

> Modalverb: *sollen*
> ich soll
> du sollst
> er/es/sie soll
> wir sollen
> ihr sollt
> sie/Sie sollen

A6 SCHREIBEN

Was soll Anja machen? Bilde Sätze.

Gesendet am 5. Juli um 18.10

angelikamüller Alle zwei Wochen gibt es ein neues Thema im Französischunterricht. Zu jedem Thema mache ich eine Wortliste. Dann schreibe ich kleine Aufsätze oder Gedichte mit den neuen Wörtern und sage sie auf. Aber ich habe auch schon andere Sachen gemacht. Ich habe z.B. Zettel mit französischen Wörtern zu Hause aufgehängt, oder beim Anziehen die Wörter zu Hose, T-Shirt ... auf Französisch laut gesprochen! Und die Einkaufsliste habe ich auch mal auf Französisch geschrieben: Butter, Reis, Wein! Viele Grüße aus Linz Angelika

Anja soll eine Wortliste machen.

International House Berlin PROLOG

jeden Dienstag um 20:00
in der Kneipe „Kleisther":

STAMMTISCH
für *Prolog*-Schüler!!!

Deutsch sprechen, etwas essen und trinken, Schüler aus aller Welt kennen-lernen und dabei viel Spaß haben!

Treffpunkt: um 19:30 vor der Sprachenschule

Du möchtest später dazu kommen?
Kein Problem!
Du findest uns in der Hauptstraße 5.

B1 BESPRECHEN

a) **Schaut das Foto und die Anzeige an. Was meint ihr: Was ist ein Stammtisch?**

b) **Lest die Anzeige und die Wörterbuchdefinition. Gibt es auch etwas Ähnliches bei euch?**

> **Stammtisch** *der*; **1** ein reservierter Tisch in einer Kneipe für Gäste, die regelmäßig kommen und immer an diesem Tisch sitzen. **2** eine Gruppe von Personen, die sich regelmäßig (oft in einer Kneipe) trifft: *Unser S. trifft sich jeden Freitag.*

B2 LESEN

Beantworte die Fragen.

1 Wie oft ist der Stammtisch?
2 Um wie viel Uhr ist der Stammtisch?
3 Wo liegt die Kneipe „Kleisther"?
4 Was machen die Jugendlichen da?

B3 HÖREN

1/11

Worüber sprechen die Jugendlichen? Kreuze an.

a Schule   d Herkunft
b Freunde   e Familie
c Ausflüge   f Berlin

B4 HÖREN

1/11

Wer ist das? Notiere: A (Aurelie) und S (Sven).

1 ☐ spricht Deutsch als Muttersprache.
2 ☐ macht ein Praktikum in der Sprachenschule.
3 ☐ hat schlechte Noten in Deutsch.
4 ☐ findet Berlin ganz toll.
5 ☐ hat zwei oder drei Museen in Berlin besucht.
6 ☐ bleibt noch zwei Wochen in Berlin.
7 ☐ gefallen die Ausflüge sehr.
8 ☐ findet einige Aufgaben in der Sprachenschule nicht so interessant.

B5 GRAMMATIK

a) **Ordne zu.**

1 Aurelie lernt Deutsch.
2 Sven lernt Französisch.
3 Aurelie findet die Sprachenschule toll.

a Er möchte die Sprache unterrichten.
b Es gibt sehr viele Ausflüge.
c Sie möchte ihre Noten verbessern.

b) Bilde Sätze mit *denn* und ergänze.

Hauptsatz mit *denn*
Aurelie lernt Deutsch, denn sie möchte ihre Noten verbessern.

		Position 0	Position 1	Position 2	...
1	*Aurelie lernt Deutsch,*	*denn*	*sie*	*möchte*	*ihre Noten verbessern.*
2	*Sven lernt ...*	*denn*	*...*		

B6 BESPRECHEN

Hauptsatz mit *denn*: Übersetzt und vergleicht. Was ist ähnlich, was ist anders?

Aurelie lernt Deutsch, denn sie möchte ihre Noten verbessern.

B7 SCHREIBEN

1 Schreibt einen Satz auf einen Zettel.
2 Gebt den Zettel weiter und schreibt den Satz weiter mit *denn*.
3 Gebt den Zettel weiter und schreibt einen neuen Satz. Welche Gruppe schafft mehr Sätze?

1
Ich lerne Deutsch,

2
Ich lerne Deutsch,
denn ich möchte später
Reiseleiterin werden.

3
Ich lerne Deutsch,
denn ich möchte später
Reiseleiterin werden.
Ich möchte später Reiseleiterin
werden,
denn ich reise gern.

B8 AUSSPRACHE

1/12

Satzmelodie: Hör, markiere und sprich nach.

1 Ich weiß das Wort nicht mehr. ↘
   Wie heißt das auf Deutsch? ☐
   Was ist das deutsche Wort für ...? ☐

2 Was bedeutet das? ☐
   Wie meinst du das? ☐

3 Verstehst du, was ich meine? ☐

B9 SPRECHEN

**a) Welche Redemittel aus B8 passen? Was könnt ihr sagen? Ergänzt die Sprechblasen.
Legt die Rollen fest und spielt die Situationen nach.**

b) Erfindet andere Situationen.

1 Du erzählst einem deutschen Freund am Telefon, mit deiner Freundin ist alles im Moment sehr kompliziert. Er reagiert nicht. Hat er dich richtig verstanden? Was kannst du sagen?

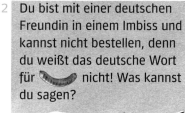

2 Du bist mit einer deutschen Freundin in einem Imbiss und kannst nicht bestellen, denn du weißt das deutsche Wort für 🌭 nicht! Was kannst du sagen?

3 Ein deutscher Freund erzählt dir, er hat gestern überall sein Fahrrad gesucht. Nach zehn Minuten hat er es endlich gefunden. Er sagt, er hatte „Tomaten auf den Augen". Du verstehst das nicht. Was kannst du sagen?

Überleg dir zu neuen Redemitteln eine kleine Geschichte! So merkst du sie dir besser!

C1 SPRECHEN

Welche Sprachen sprecht ihr?
Welche möchtet ihr noch lernen?
Welche Sprachen gefallen euch (nicht)?
Warum?

Ich spreche sehr gut/gut/ein wenig ...
... verstehe ich sehr gut/ein bisschen/nicht.
Ich möchte gern ... lernen.
Ich glaube, ... ist schwer/leicht ..., denn ...
... finde ich interessant/spannend/romantisch/schön/nett ... , denn ...
... klingt langweilig/schwierig/komisch/schrecklich ...

C2 LESEN

a) **Fragen 1 bis 9: Was kann die Lösung sein? Sammelt Ideen.**
b) **Fragen und Antworten: Ordnet zu.**

SPRACHEN DIESER WELT

1. Wie viele Sprachen gibt es auf der Welt?
2. Welche Sprachen verwenden die meisten Internetnutzer?
3. Welche Sprache sprechen die meisten Menschen auf der Welt als Muttersprache?
4. Llanfairpwllgwyngyllgogerychwyrndrobwllllantysiliogogogoch – Was ist das?
5. In welcher europäischen Sprache gibt es fast keine internationalen Wörter?
6. Wie viele offizielle Sprachen gibt es in der Europäischen Union (EU)?
7. Welche Sprache in der EU sprechen die meisten Europäer als Muttersprache?
8. Wo in Europa hat man früher Arabisch gesprochen?
9. Wo ist Latein eine offizielle Sprache?

a) Man geht von 6000 bis 7000 Sprachen aus. Aber mehr als 75% der Menschen auf dieser Welt sprechen eine „große" Sprache (z.B. Chinesisch). Nur eine halbe Million Menschen spricht eine „kleine" Sprache (z.B. Hawaiisch).
b) Internationale Wörter sind im Isländischen „tabu". Ein Komitee übersetzt die modernen Wörter ins Isländische. So heißt Telefon *sima* und Computer *tölva*.
c) In der EU gibt es 23 offizielle Sprachen, zuletzt sind Gälisch, Bulgarisch und Rumänisch dazugekommen. Im Europäischen Parlament kann man in diesen Sprachen vortragen, Dolmetscher übersetzen simultan.

d) Deutsch liegt mit 59 Millionen Surfern auf Platz 6. Auf Platz 1 ist Englisch (ca. 366 Millionen Nutzer). Dann kommt Chinesisch mit 184 Millionen und Spanisch mit 102 Millionen Internetnutzern.
e) In der Vatikanstadt ist Latein die offizielle Sprache. Hier leben über 500 Menschen. Die Vatikanstadt ist eine Monarchie, ihr Oberhaupt ist der Papst.
f) Im Mittelalter haben die Araber in Portugal und Spanien gelebt. In Europa gibt es viele Wörter aus dem Arabischen: z.B. Alkohol oder Zucker.

g) Für rund 850 Millionen Menschen ist Chinesisch die Muttersprache. Chinesisch spricht man in China, Taiwan und Singapur. Auf Platz 2 steht Hindi (600 Millionen Sprecher), dann kommen Spanisch und Englisch.
h) Das ist ein kleiner Ort im Nordwesten von Wales. Der Name hat 58 Buchstaben.
i) Deutsch ist die Muttersprache von 100 Millionen Europäern und sie ist die am meisten gesprochene Sprache der EU. Dann kommen Englisch und Französisch. Die erste Fremdsprache in der EU ist Englisch.

C3 BESPRECHEN

Vergleicht eure Ergebnisse. Was war für euch neu? Und was war für euch besonders interessant? Warum?

C4 SCHREIBEN

Sucht Informationen in der Bibliothek oder im Internet. Jede Gruppe macht ein Quiz mit fünf Fragen (mit jeweils drei Antworten) für die anderen Gruppen. Für jede richtige Antwort gibt es einen Punkt. Welche Gruppe hat die meisten Punkte?

Wie viele Leute sprechen Englisch/Französisch ... als Muttersprache?
Wie viele Dialekte gibt es in Deutschland/Spanien/...?
Wo ist Deutsch/Französisch/... eine offizielle Sprache?
Was sind die offiziellen Sprachen in der Schweiz/in Luxemburg ...?
Welche Sprache spricht man in Burkina Faso/Sao Paulo/ ...?

Quiz – Gruppe A

1. Wie viele Leute sprechen Norwegisch als Muttersprache?
a) 5 Millionen.
b) 6 Millionen.
c) 7 Millionen.

2. Welche Sprache spricht man in Linz?
...

GRAMMATIK

Verbkonjugation

	Modalverb
Infinitiv	sollen
ich	soll
du	sollst
er/es/sie	soll
wir	sollen
ihr	sollt
sie/Sie	sollen

Kausaler Hauptsatz mit *denn*

Hauptsatz	Hauptsatz mit *denn*			
	Position 0	**Position 1**	**Position 2**	**...**
Aurelie lernt Deutsch,	*denn*	*sie*	*möchte*	*ihre Noten verbessern.*

WORTSCHATZ

Nomen
maskulin (m)
der Aufsatz, ⸚e
der Ausländer, -
der Fehler, -
der Gast, ⸚e
der Mitschüler, -
der Punkt, -e
   der Treffpunkt, -e
der Reis, nur Sg.
der Reiseleiter, -
der Satz, ⸚e
der Stammtisch, -e
der Text, -e
der Wein, -e
der Zettel, -

neutral (n)
das Gedicht, -e
das Original, -e
   Filme im Original
das Thema, Themen
das Wörterbuch, ⸚er
das Zertifikat, -e

feminin (f)
die Butter, nur Sg.
die Fremdsprache, -n
die Kenntnis, -se
   die Sprachkenntnisse, nur Pl.
die Kneipe, -n
die Liste, -n
   die Einkaufsliste, -n
   die Wortliste, -n

die Methode, -n
die Muttersprache, -n

Verben
ab|schreiben, hat abge-
   schrieben
sich an|schauen
auf|hängen
aus|sprechen, e→i, hat
   ausgesprochen
bedeuten
bestellen
drücken
   jemandem die Daumen
   drücken
korrigieren
nach|schlagen, hat nach-
   geschlagen

reagieren
sollen
tun, hat getan
unterrichten
verbessern
zu|hören

Adjektive
gleich
   das gleiche Problem
kompliziert
regelmäßig
schwierig

Adverbien
dabei

Das kann ich jetzt!

um einen Rat bitten
Was soll ich machen?
Habt ihr vielleicht einen Tipp für mich?

gute Wünsche ausdrücken
Ich wünsche dir viel Glück/viel Spaß!
Ich drücke dir die Daumen!

einen Rat wiedergeben
Anja soll eine Wortliste machen.

etwas begründen
Aurelie lernt Deutsch, denn sie möchte ihre Noten verbessern.

nachfragen, ob man verstanden wurde
Verstehst du, was ich meine?

etwas benennen/identifizieren
Auf Französisch sagt man ...

um Erläuterung bitten
Was bedeutet das?
Wie meinst du das?

ausdrücken, dass man ein Wort nicht kennt oder es vergessen hat
Wie heißt das auf Deutsch?
Was ist das deutsche Wort für ...?
Ich weiß das Wort nicht mehr.

Lernen lernen

Bilde Wortfamilien! Das hilft beim Lernen! → A4
Überleg dir zu neuen Redemitteln eine kleine Geschichte! So merkst du sie besser! → B9

A Schulbiografien

①

Philipp Lahm
(geboren am 11. November 1983)
war schon immer sehr sportlich.

Bereits mit vier Jahren – er ist noch im Kin-
5 dergarten – geht er regelmäßig mit einem
Freund zum Fußballtraining. Er möchte am
liebsten Tag und Nacht Fußball spielen. In der
Grundschule gefällt ihm natürlich vor allem
der Sportunterricht! Nachmittags trainiert er
10 in einer Junioren-Fußballmannschaft.
1995 – also mit 12 Jahren – kommt er in die
Jugendmannschaft des FC Bayern München.
Er besucht jetzt die Realschule. Das Fußballtraining ist anstrengend, es macht ihm aber
15 viel Spaß. Sein Ziel: Er will Fußballprofi werden. Trotzdem ist erst einmal die Schule wichtig – meinen die Eltern. 1999 macht er seinen
Realschulabschluss und lernt dann einen
Beruf: Bankkaufmann. Nach seiner Ausbil-
20 dung wird Philipps Traum aber Realität: Er
wird Profifußballer.
Er spielt beim FC Bayern München.

②

Anna Lührmann
(geboren am 14. Juni 1983)
war schon immer sehr aktiv.

In ihrer Freizeit ist sie viel in der Natur – und
5 die soll auch noch für die Enkel sauber sein!
Schon in der Grundschule arbeitet Anna in
einer Jugendgruppe von Greenpeace mit
und organisiert viele Aktionen, z.B. räumen
sie gemeinsam den Wald auf, machen die
10 Flüsse sauber, malen Infoplakate oder sammeln Unterschriften. Später auf dem Gymnasium findet Anna die Schulpolitik interessant, und sie möchte die Schule und den
Unterricht verändern. Anna lernt, dass auch
15 junge Menschen etwas bewegen können.
Zusammen mit anderen Jugendlichen arbeitet sie auch aktiv bei den „Jungen Grünen"
mit. Das ist die politische Jugendorganisation der Partei „Bündnis 90/Die Grünen".
20 Später wird sie Mitglied der Partei. Nach
dem Abitur geht Anna mit nur 19 Jahren als
jüngste Parlamentarierin nach Berlin.
Heute lebt sie mit ihrem Mann – einem Botschafter – im Ausland.

③

Benjamin Lebert
(geboren am 9. Januar 1982)
hatte schon immer sehr viel Fantasie.

Schon als Kind erfindet er eigene Geschich-
5 ten. Er hat viel Zeit dafür, denn er hat Probleme mit seinem linken Arm und seinem
linken Bein und kann deshalb nicht mit den
anderen Kindern rennen und spielen. Trotzdem ist er sehr glücklich in seiner Kindheit.
10 Mit der Schule wird aber plötzlich alles ganz
anders. Wichtig sind jetzt der Unterricht und
die Hausaufgaben. Benjamin mag nicht zur
Schule gehen. Nach der Grundschule besucht
er die Hauptschule. Fünfmal wechselt er die
15 Schule, denn er hat Probleme mit den Lehrern
und bekommt immer schlechte Noten. In der
neunten Klasse verlässt er dann die Schule
ohne Abschluss und arbeitet für das Jugendmagazin „Jetzt". In seiner Freizeit schreibt er
20 den Roman „Crazy" über seine Zeit in der
Schule. Das Buch wird ein Erfolg. 2003 macht
er mit 21 Jahren seinen Hauptschulabschluss
(Note: 1,3!).
Benjamin lebt heute in Hamburg und ist
25 Schriftsteller.

A1 BESPRECHEN

Schaut die Fotos an. Kennt ihr die Personen? Was machen sie?

A2 LESEN

a) **Wer hat welche Schule
   besucht?**
b) **Ergänze die Schulab-
   schlüsse in der Grafik.**

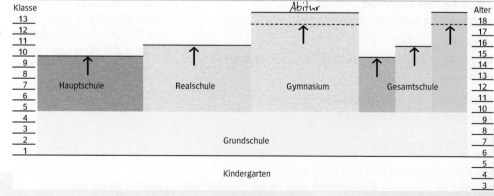

A3 LESEN

Wer ist das? Notiere P (Philipp), A (Anna) und B (Benjamin).
Wer ...

1. ☐ räumt den Wald auf und macht Flüsse sauber?
2. ☐ wird nach der Schule Bankkaufmann?
3. ☐ wechselt oft die Schule?
4. ☐ wird Mitglied bei den „Grünen"?
5. ☐ verlässt die Schule ohne Abschluss?

6. ☐ will Schule und Unterricht verändern?
7. ☐ erfindet Geschichten?
8. ☐ spielt schon mit vier Jahren Fußball im Verein?
9. ☐ schreibt einen Bestseller?
10. ☐ ist schon mit 19 Jahren Parlamentarierin?

A4 GRAMMATIK

Lies das Beispiel und kreuze an.

Benjamin kann nicht mit den anderen Kindern rennen und spielen.
Trotzdem ist er glücklich in seiner Kindheit.

Meine Regel
Hauptsatz mit *trotzdem* →   Verb: ☐ **Position 2** ☐ **am Ende**

A5 GRAMMATIK

Was ist besonders an den Personen? Bilde Sätze mit *trotzdem*.

1. Benjamin Lebert ist ein erfolgreicher Schriftsteller. Trotzdem *(er – mit 21 Jahren – noch seinen Schulabschluss – machen)*.

2. Philipp Lahm will Fußballprofi werden. Trotzdem *(er – zuerst – einen Beruf – lernen müssen)*.

A6 AUSSPRACHE

🔊 13

Satzmelodie: Hör, markiere und sprich nach.

1. Benjamin Lebert ist schlecht in der Schule. ↘ Trotzdem schreibt er einen Bestseller. ☐
2. Anna Lührmann ist erst 19 Jahre alt, ☐ trotzdem ist sie schon Parlamentarierin. ☐

A7 SCHREIBEN

Mario – der Superstar. Was kann Mario alles machen?
Bildet Sätze mit *trotzdem*.

Mario steht immer zu spät auf, ...

Mario schreibt schlechte Noten, ...

Mario isst zum Frühstück nur Chips, ...

Mario tanzt nicht gern, ...

Mario treibt keinen Sport, ...

Mario steht immer zu spät auf, trotzdem kommt er pünktlich in der Schule an.

A

B

C

B1 BESPRECHEN

Schaut die Fotos an: Wo spielt die Situation? Was passiert? Sammelt Ideen.

B2 HÖREN

1/ 14-18

Was ist richtig? Kreuze an.

Foto A:

☐ a Timo ☐ b Karla   stört den Unterricht.

Foto B:

Timo ☐ a bekommt eine Extra-Hausaufgabe.
     ☐ b kommt nach vorne – neben Karla.

Foto C:

Wer findet Mathe gut?

☐ a Karla ☐ b Timo

Foto D:

Wer findet die Brille gut?

☐ a Timo ☐ b Karla

Foto E:

☐ a Timo kann die Matheaufgabe allein lösen.
☐ b Karla hilft Timo, das Ergebnis ist richtig.

B3 HÖREN

1/ 14-18

Wer sagt das zu wem? Ergänze: Lehrerin, Timo, Karla, Klasse.

1 *So, jetzt ist es aber genug! (...) Ich spreche mit dir!*
  Lehrerin → Timo

2 *Nimm deine Sachen und komm hierher (...) hast du Lust auf eine Extra-Hausaufgabe?*

3 *Ich weiß, die Aufgabe ist ziemlich schwierig. Trotzdem könnt ihr die Lösung finden. Denkt einfach nur an unser Beispiel hier an der Tafel.*

4 *Na ja, die Brille steht dir wirklich sehr gut. Sie passt zu dir.*

5 *Aufwachen, du bist hier im Matheunterricht. Wir lösen gerade eine Rechenaufgabe ... Und ich warte auf dein Ergebnis.*

6 *Sind Sie jetzt zufrieden mit mir?*

7 *Danke, Opa!*

8 *Bitte, mein Kleiner!*

B4 BESPRECHEN

Was bedeuten die Sätze 7 und 8 in B3? Was meinen die Personen? Diskutiert.

B5 GRAMMATIK

Ergänze die Präpositionen aus B3.   *Lern die Verben/Nomen/Adjektive immer zusammen mit der Präposition!*

Meine Regel

Verben, Nomen und Adjektive mit Präpositionen

	Dativ		**Akkusativ**
	mir/dir/ihm/ihr ...		mich/dich/ihn/sie ...
sprechen ☐ a mit	(m) dem/einem ...	denken ☐ d	(m) den/einen ...
passen ☐ b	(n) dem/einem ...	warten ☐ e	(n) das/ein ...
zufrieden sein ☐ c	(f) der/einer ...	Lust haben ☐ f	(f) die/eine ...
	(Pl) den/ - ...		(Pl) die/ - ...

mit (2x)
an
auf (2x)
zu

D

E

B6 BESPRECHEN

Verben, Nomen und Adjektive mit Präpositionen: Übersetzt und vergleicht. Was ist ähnlich, was ist anders?

1 *Ich denke an dich.* 2 *Ich bin zufrieden mit dir.* 3 *Ich habe Lust auf ein Eis.*

B7 GRAMMATIK

Timo und sein Freund Michi schreiben SMS. Ergänze die Präposition und wähle das richtige Wort.

Hi, Timo, wie war dein Tag? Ich habe ___a___ (dich/dir) gedacht. Wie war Mathe? Hast du etwas verstanden? LG Michi

Hallo, ich bin super zufrieden ___b___ (mich/mir) ☺. Ich habe endlich ___c___ (sie/ihr) gesprochen!!! Und ich habe Mathe endlich kapiert!

Mit wem? Mit Karla? Und du hast die Matheaufgabe richtig gelöst? Das passt gar nicht ___d___ (dich/dir).

Ja, mit Karla!!! Nein, nicht ich, Karla ☺! Ich warte ___e___ (dich/dir) vor dem Eiscafé. Ich habe Lust ___f___ (eine/einer) Extra-Portion Eis!

B8 SPRECHEN

a) Schreibt die Wörter mit Präpositionen (aus B5) und verschiedene Nomen mit Artikel auf Kärtchen. Macht zwei Stapel und dreht die Karten um.
b) Zieht nun ein Kärtchen von jedem Stapel und bildet einen Satz. Achtet auf die richtige Form des Artikels und des Nomens. Der Partner/die Partnerin kontrolliert.

zufrieden sein mit

denken an

sprechen mit

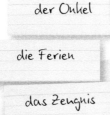

der Onkel

die Ferien

das Zeugnis

mein Hund

die Pizza

die Hansaufgaben

das Buch

das Frühstück

die Ferien

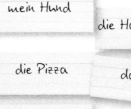

meine Eltern

Ich bin zufrieden mit meinem Zeugnis.

LEKTION 23 **B**   37

CRAZY ist Benjamin Leberts erster Roman – ein Weltbestseller, in 33 Sprachen übersetzt und von Hans-Christian Schmid verfilmt.

C1 BESPRECHEN

Was wisst ihr schon über Benjamin Lebert und seinen Roman?

C2 LESEN

Abschnitte und Bilder: Ordne zu. 1 ☐ 2 ☐ 3 ☐

A　　　　　　　　　B　　　　　　　　　C

Benjamin ist den ersten Tag an der neuen Schule. Es ist eine Privatschule, ein Internat. Er beschreibt in seinem Roman seine Klasse und seine erste Mathematikstunde so:

1　Die Klasse 8B ist nicht groß: zwölf Schüler. Mich eingeschlossen. In den staatlichen Schulen sieht das anders aus. Da sind es immer um die fünfunddreißig. Aber die müssen schließlich auch nicht zahlen. Hier zahlen wir. Und zwar bis es kracht. Wir sitzen, wie eine große Familie, in Hufeisenform vor dem Lehrer. Wir halten uns beinahe bei den Händen, so
5　sehr lieben wir uns. Internat eben. Eine Gruppe, eine Freundschaft, eine Familie.

> … Und zwar bis es kracht. = hier: die Eltern zahlen viel Geld für die Schule

2　Und Mathelehrer Rolf Falkenstein ist unser Papi. Er ist ein großer Kerl. Fast 1,90m.(…) Ich fürchte mich ein wenig vor ihm. Barsch knallt er sein großes Geodreieck gegen die Tafel. Er zieht einen Strich. Mitten durch ein geometrisches Gebilde. Ich glaube, es soll eine Gerade sein oder so. Ich versuche, sie abzuzeichnen. Doch es gelingt mir nicht. Immer
10　wieder rutscht das Geodreieck beiseite. Schließlich mache ich es per Hand. Was herauskommt, ist ein komisches Gebilde. Einem Glücksdrachen ähnlicher als einer Geraden.

> sich fürchten vor = Angst haben vor
> das Geodreieck

> nicht gelingen = nicht können

> der Glücksdrachen

> die Nachhilfe = Extra-Unterricht

3　Nach dem Unterricht lässt mich Falkenstein zur Seite treten. „Du wirst Nachhilfe haben müssen", sagt er. „Und so wie ich das sehe, mindestens eine Stunde täglich." Große Freude steigt in mir auf. „Nun gut. Wenn es denn sein muss." Ich gehe.

C3 LESEN

Beantworte die Fragen.

1 Was schreibt Benjamin: Welche Unterschiede gibt es zwischen den privaten und den staatlichen Schulen?
2 Was muss Benjamin im Mathe-Unterricht zeichnen?
3 Welches Problem hat er dabei? Was ist das Ergebnis?
4 Was sagt der Mathelehrer nach dem Unterricht zu Benjamin?

C4 SCHREIBEN

Wie war dein erster Schultag? Schreib einen kleinen Bericht.

> Wo? Welche Klasse?　　Wie waren deine Mitschüler?
> Wie viele Schüler?　　Wie war der Klassenraum?
> Wie war dein(e) Lehrer(in)?　　Welche Gefühle hattest du?

GRAMMATIK

Konzessiver Hauptsatz mit *trotzdem*

Hauptsatz	Hauptsatz mit *trotzdem*		
	Position 1	**Position 2**	**...**
Anna Lührmann ist erst 19 Jahre alt,	*trotzdem*	*ist*	*sie schon Parlamentarierin.*

Verben/Nomen/Adjektive mit Präpositionen

denken an + Akkusativ		(m)	den Opa.
	Ich denke an	(n)	das Beispiel.
		(f)	die Schule.
auch so: warten auf,		(Pl)	die Mathestunden.
Lust haben auf			

sprechen mit + Dativ		(m)	dem Lehrer.
	Ich spreche mit	(n)	dem Kind.
		(f)	der Lehrerin.
auch so: passen zu,		(Pl)	den Lehrern.
zufrieden sein mit			

WORTSCHATZ

Nomen
maskulin (m)
der Abschluss, ⁼e
der Bankkaufmann,
    -leute
der Enkel, -
der Erfolg, -e
der Mensch, -en
der Parlamentarier, -
der Schriftsteller, -
der Traum, ⁼e
der Verein, -e

neutral (n)
das Abitur, nur Sg.
das Magazin, -e
das Mitglied, -er
das Zeugnis, -se
das Ziel, -e

feminin (f)
die Aktion, -en
die Ausbildung, -en
die Fantasie, -n
die Gesamtschule, -n
die Grundschule, -n
die Hauptschule, -n
die Kindheit, nur Sg.
die Lösung, -en
die Lust, nur Sg.
    Lust haben (auf Akk.)
die Natur, nur Sg.
die Partei, -en
die Politik, nur Sg.
    die Schulpolitik
die Portion, -en
die Realschule, -n
die Tafel, -n
die Unterschrift, -en

Verben
auf|wachen
denken (an Akk.), hat gedacht
erfinden, hat erfunden
kapieren
malen
mit|arbeiten
passen (zu Dat.)
rennen, ist gerannt
Sport treiben, hat Sport getrie-
    ben
sprechen (mit Dat.), hat ge-
    sprochen
stören
verändern
verlassen, a→ä, hat verlassen
warten (auf Akk.)
wechseln

Adjektive
aktiv
eigen
gemeinsam
politisch
sauber
zufrieden (mit Dat.)
    zufrieden sein

Adverbien
hinten
plötzlich
vorn

Das kann ich jetzt!

eine Situation erklären
Benjamin kann nicht mit den anderen Kindern rennen und spielen.
Trotzdem ist er glücklich in seiner Kindheit.

Ärger ausdrücken
So, jetzt ist es aber genug!

Hilfe anbieten
Soll ich dir helfen?

Hilfe ablehnen
Nein danke, ich kann das schon alleine.

etwas nachfragen
Sind Sie jetzt zufrieden mit mir?

Zufriedenheit ausdrücken
Ich bin zufrieden mit dir.

Lernen lernen

Lern die Verben/Nomen/Adjektive immer zusammen mit der Präposition! → B5

24 Berufe

A Ohne mich …

1

Ohne mich gibt es keine Häuser: Lars, 28.

Lego hat mich zum Architekten gemacht. Ich habe schon als Kind gern
5 konstruiert und gebaut, deshalb bin ich jetzt sehr zufrieden mit meinem Beruf! In meinem Job plane und zeichne ich Häuser. Wie soll das Gebäude aussehen, welche Zimmer hat es und wo
10 sollen Bad, Toilette, Küche usw. sein? Das muss ich alles selbst entscheiden. Dann mache ich eine Zeichnung – zuerst mit der Hand, dann mit dem Computer. Ich glaube, Architekt ist genau
15 der richtige Beruf für mich, weil ich bei meiner Arbeit sehr kreativ sein kann.

2

Ohne mich gibt es keine Sportnachrichten: Katharina, 23.

Sport und Schreiben – das waren schon in der Schule meine Hobbys.
5 Ich habe Basketball gespielt und für die Schülerzeitung geschrieben. Nach dem Abi habe ich dann Sportjournalistik studiert. Jetzt bin ich mit meinem Studium
10 fertig und mache gerade ein Volontariat bei einer Sportzeitschrift. Meine Aufgaben sind z.B. Interviews machen, Sporttermine im Kalender aktualisieren – und Reportagen
15 schreiben! Das mache ich besonders gern, weil ich schon immer gern geschrieben habe.

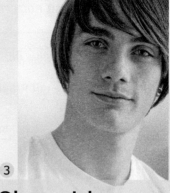

3

Ohne mich bekommen die Patienten keine Medikamente: Manuel, 22.

Ich hatte eigentlich gar keinen Plan.
5 Ich habe nur gewusst: Ich möchte gern anderen Menschen helfen und auf keinen Fall allein im Büro arbeiten. Deshalb habe ich meinen Zivildienst in einem Krankenhaus ge-
10 macht. Das war toll. Jetzt arbeite ich als Krankenpfleger. Was muss ich machen? Ziemlich viel, z.B. Patienten beim Essen und Waschen helfen, ihnen Medikamente geben, sie für
15 die Operation vorbereiten und danach abholen. Meine Arbeit macht total viel Spaß, weil ich auch sonst gern anderen Menschen helfe.

A1 BESPRECHEN

Was war euer Berufstraum früher?
Was ist heute euer Lieblingsberuf?
Was muss man in diesen Berufen machen?

A2 LESEN

**Schau die Fotos an und lies die Bildunterschriften.
Was sind diese Leute von Beruf?**

	Text
Krankenpfleger	☐
Architekt	☐
Journalistin	☐

A3 LESEN

Ergänze.

	Lars	Katharina	Manuel
1 Wie hat alles angefangen?	Lego, …		
2 Was macht man genau in diesem Beruf?			
3 Warum macht er/sie das gern?			

A4 GRAMMATIK

a) Warum mögen die jungen Leute ihren Beruf? Ergänze.

	Position 1	Position 2		am Ende
1 Lars: *Architekt ist der richtige Beruf für mich,*	weil	ich	…	*kann!*
2 Katharina: *Reportagen schreiben: Das mache ich besonders gern,*	weil	ich	…	
3 Manuel: *Meine Arbeit macht total viel Spaß,*	weil			

b) Kreuze an.

Nebensatz mit *weil* → Verb: ☐ **Position 2** ☐ **am Ende**

> Nebensatz mit *weil*
> **Warum** bist du Journalistin geworden?
> **Weil** ich gern schreibe.

A5 BESPRECHEN

a) Erklärt eurem Partner/eurer Partnerin die Regel zum *weil*-Satz.

b) Nebensatz mit *weil* und Hauptsatz mit *deshalb*: Übersetzt und vergleicht. Was ist ähnlich, was ist anders?

> Hauptsatz mit *deshalb*
> Ich schreibe gern, **deshalb** bin ich Journalistin.

1 Ich arbeite als Journalistin, weil ich sehr gern schreibe.

2 Ich schreibe gern, deshalb arbeite ich als Journalistin.

Erkläre grammatische Regeln mit eigenen Worten – so verstehst du sie besser.

A6 GRAMMATIK

Warum haben die Leute ihren Beruf gewählt? Schreib Sätze mit *weil*.

1 Lars ist heute Architekt, weil *(er hat als Kind mit Lego gespielt).*

2 Sportjournalistin ist genau der richtige Beruf für Katharina, weil *(ihre Hobbys sind Schreiben und Sport).*

3 Manuel ist Krankenpfleger geworden, weil *(er arbeitet sehr gern mit Menschen).*

A7 SCHREIBEN

a) Wählt zwei oder drei Berufe aus. Schreibt für diese Berufe zwei positive und zwei negative Sätze auf einen Zettel.

A

der Bäcker
(die Bäckerin)

B

der Handwerker
(die Handwerkerin)

C

der Friseur
(die Friseurin)

D

die Politikerin
(der Politiker)

E

die Bankkauffrau
(der Bankkaufmann)

F

die Polizistin
(der Polizist)

G

der Schriftsteller
(die Schriftstellerin)

H

der (Auto-) Mechaniker
(die (Auto-)Mechanikerin)

☺ Ich mag meinen Beruf, weil ich sehr gern Süßigkeiten esse!

☺ Ich finde diesen Beruf besonders interessant, weil ich auch neue Rezepte ausprobieren kann.

☹ Ich finde meinen Beruf nicht so gut, weil ich sehr früh aufstehen muss.

☹ Ich finde diesen Beruf anstrengend, weil ich den ganzen Tag stehen muss.

> ☺
> Ich mag den Beruf, weil ...
> Ich finde ... sehr spannend, weil ...
> ... ist wichtig/interessant, weil ...

> ☹
> Ich mag den Beruf überhaupt nicht, weil ...
> Ich finde ... schwierig/anstrengend ...
> Ich finde ... nicht so/gar nicht
> interessant, weil ...
> ... ist gar nicht wichtig/spannend, weil ...

b) Lest eure Sätze vor. Die anderen Gruppen raten: Welcher Beruf ist das?

A   B   C   D

B1 BESPRECHEN

Schaut die Fotos an: Was muss man für diese Berufe besonders gut können?
Welche Interessen haben die Jugendlichen?
Sammelt Ideen.

B2 HÖREN

 1/19

Teil 1: Auf dem Arbeitsamt: Wer ist wer? Ordne zu.

1 Frau Lorenz ist   a Berufsberaterin.
2 Frau Berking ist   b Schülerin.

B3 HÖREN

1/20

a) Teil 2: Welche Fragen stellt die Berufsberaterin? Kreuze an.

X Welche Unterrichtsfächer gefallen Ihnen denn?

b Welche Fremdsprachen sprechen Sie?

c Arbeiten Sie denn gern mit Menschen zusammen? Zum Beispiel in einem Team?

d Finden Sie leicht Kontakt?

e Arbeiten Sie gern mit Tieren und Pflanzen? Sind Sie gern in der Natur und auch körperlich aktiv?

f Mögen Sie z.B. Gartenarbeit?

g Arbeiten Sie gern handwerklich? Zum Beispiel mit Holz oder Metall?

h Wie ist es mit Physik oder allgemein mit Technik? Interessiert Sie das?

i Arbeiten Sie denn gern am Computer?

j Helfen Sie gern anderen Menschen? Können Sie gut zuhören?

k Basteln Sie gern? Mögen Sie Kunst oder Musik?

l Waren Sie schon mal im Ausland?

b) Teil 2: Was antwortet die Schülerin?
Beantworte die Fragen in Stichwörtern.

a) Sprachen, Mathe

Beim Notieren: Kürze Wörter ab, z.B. Unterrichtsfächer – U-Fächer, ...

B4 HÖREN

Teil 3: Was meinst du? Was sagt die Berufsberaterin: Welcher Beruf ist gut für die Schülerin?
Kreuze an. Hör und vergleiche.

a Bankkauffrau   b Hotelkauffrau   c Reisekauffrau

B5 GRAMMATIK

Was sagt Frau Berking? Kreuze an.

a Bitte, kommen Sie herein!

b Nehmen Sie bitte Platz.

c Warten Sie bitte noch einen Moment draußen.

d Buchstabieren Sie bitte Ihren Namen.

e Nehmen Sie dieses Informationsblatt mit.

f Füllen Sie bitte dieses Formular aus.

g Rufen Sie mich an oder kommen Sie vorbei.

> **Imperativ mit *du/ihr***
> (du) Komm herein!
> (ihr) Kommt herein!

> **Imperativ mit *Sie***
> (Sie) Kommen Sie herein!

B6 BESPRECHEN

Imperativ mit *Sie*: Übersetzt und vergleicht. Was ist ähnlich, was ist anders?

Bitte, kommen Sie herein!

B7 AUSSPRACHE

Satzmelodie: Hör, markiere und sprich nach.

Bitte →, kommen Sie herein! ☐ ▮ Nehmen Sie bitte Platz! ☐ ▮ Nehmen Sie dieses Informationsblatt mit! ☐ ▮
Rufen Sie mich an! ☐ ▮ Kommen Sie vorbei! ☐

B8 SPRECHEN

Wählt eine Rolle aus und spielt ein Beratungsgespräch.
Ihr findet nützliche Redemittel auch in B3 und B5.

Marc, 15, ist auf der Realschule, ist sehr sportlich, spielt im Schulbasketballteam, ist gern in der Natur, liebt Haustiere, hat zwei Hunde und eine Katze, ist gut in Erdkunde und Sport, ...

Linda, 18, ist auf dem Gymnasium, liebt Poesie und Philosophie, nimmt Klavierunterricht, schreibt gern, hat ihre eigene Internetseite, ist gut in Sprachen und Informatik, ist Klassensprecherin und sehr aktiv und romantisch, organisiert Musik- und Literaturabende, ...

Thomas, 16, ist auf der Gesamtschule, ist ein Technik-Fan, findet Autos sehr interessant, ist gut in Physik und Mathe, fährt Motorroller, hatte einen Sommerjob in einer Auto-Werkstatt, ...

Violetta, 15, ist auf der Hauptschule, geht gern shoppen, kennt alle Preise, kann gut sparen, ist gut in Kunst, findet Mode interessant, kann gut rechnen und zeichnen, ...

Schüler/-in
☺ Ich mag .../Ich bin gut in ...
   Das macht sicher Spaß!
☹ Davon verstehe ich nicht viel.
   ... interessiert mich nicht/mag ich nicht so.

☺ Oh ja, das ist eine super Idee!
   Das finde ich sehr gut/interessant/spannend ...!
☹ Hm, nein, ich weiß nicht ...
   Ich denke noch darüber nach.

Berater/-in
Was kann ich für Sie tun?
Wir schauen mal zusammen.
Darf ich Ihnen ein paar Fragen stellen?

Es gibt da ein paar Möglichkeiten für Sie: ...
Ich finde, der ...-Bereich passt gut zu Ihnen.

24 c Freiwilliges Soziales Jahr (FSJ)

C1 BESPRECHEN

Was machen die meisten Jugendlichen in eurem Land nach der Schule?
Was möchtet ihr machen? Welche Möglichkeiten gibt es?

C2 LESEN

Was ist ein FSJ? Beantworte die Fragen in Stichwörtern.

1 Wer kann ein FSJ machen?
2 Warum macht man ein FSJ?
3 Wo kann man es machen?
4 Wie lange dauert ein FSJ?

Das Freiwillige Soziale Jahr (FSJ) bietet jungen Menschen zwischen 16 und 27 Jahren die Chance, etwas für sich und andere Menschen zu tun. Noch ohne Ausbildung arbeiten die Jugendlichen ein Jahr lang in einer Einrichtung des sozialen Bereichs, lernen verschiedene Berufe kennen und sammeln so wichtige Erfahrungen. Die meisten Jugendlichen wählen ein FSJ, weil sie etwas für andere Menschen tun wollen. Sie arbeiten z.B. in Krankenhäusern, Kindergärten, Institutionen für Jugendhilfe oder Alten- und Pflegeheimen. Das FSJ kann man im In- oder Ausland machen. Es dauert 12 Monate und beginnt in der Regel am 1. August. Die Freiwilligen bekommen Taschengeld, Unterkunft und Verpflegung und sind versichert.

❶ **Moritz, 21, macht ein FSJ auf einem Bauernhof in Buenos Aires, Argentinien.**

Nach der Schule war klar: Ich gehe erst einmal ins Ausland, aber nicht nur als
5 Tourist. Deshalb habe ich mich für das FSJ entschieden.
Ich arbeite hier mit Kindern zusammen. Sie sind hier, weil sie Verhaltensprobleme haben. Deshalb machen sie eine Therapie und
10 helfen bei der Arbeit auf dem Bauernhof mit. Wir – das sind die freiwilligen Helfer, die Betreuer und die Kinder – arbeiten alle zusammen: Wir müssen früh aufstehen, die Kühe melken und füttern, und so weiter, den ganzen Vormittag. Nachmittags haben die
15 Kinder dann Therapie- und Gesprächsstunden, manchmal machen wir auch Ausflüge oder spielen draußen etwas zusammen.

Markiere die wichtigsten Stellen im Text.

❷ **Sarah, 20, arbeitet in einem Jugendzentrum in Oberhausen, Deutschland**

Nach dem Abitur hatte ich keine Lust mehr auf das Lernen und die Theorie, ich wollte endlich was vom „richti-
5 gen" Leben sehen. Und so bin ich zum „ParkHaus" gekommen, einem Kinder- und Jugendzentrum in Oberhausen. Hier haben wir Jugendliche aus vielen verschiedenen Kulturen. Ich helfe ihnen z.B. bei den Hausaufgaben, dann leite ich noch die Tanz-
10 AG und gehe mit ihnen schwimmen. Es ist sehr schön zu sehen, wie die Kinder aus verschiedenen Ländern zusammen spielen, tanzen oder Sport machen. Jeden Tag lerne ich viel Neues: über andere Kulturen und auch
15 über mich selbst.

C3 LESEN

Was erfährst du über die Jugendlichen? Ergänze.

Moritz
Er macht sein FSJ ...
Die Kinder machen eine Therapie, weil ...
Das ist das Programm: Vormittags ... nachmittags ...
Manchmal ...

Sarah
Sie macht ihr FSJ ...
Nach dem Abitur hatte sie ...
Die Jugendlichen sind ...
Das sind Sarahs Aufgaben: ...
Sie mag ihre Arbeit, weil ...

C4 SPRECHEN

Wie findet ihr das FSJ? Was findet ihr gut, interessant, was ist nicht so gut?
Möchtet ihr selbst ein FSJ machen? Sammelt Vorteile und Nachteile, diskutiert.

🙂
Ich finde, das ist ...
... eine gute Möglichkeit.
So kann man ...
... neue Erfahrungen sammeln.
... einen Beruf kennenlernen.
Es ist wichtig, weil ...

🙁
Das FSJ ist nicht so gut für mich, weil ...
... dauert zu lange.
... man verdient nur wenig Geld.
... die Arbeit ist schwer.
Die Idee ist gut, aber ...
... ich möchte es nicht machen, weil ...
... bei uns funktioniert es anders, ...

GRAMMATIK

Kausaler Nebensatz mit *weil*

Warum ist Architekt der richtige Beruf für dich? – Weil ich sehr kreativ sein kann.

Hauptsatz	Nebensatz mit *weil*			
	Position 1	**Position 2**	...	**am Ende**
Architekt ist der richtige Beruf für mich,	*weil*	*ich*	*bei meiner Arbeit sehr kreativ*	*sein kann.*

Imperativ mit *Sie*

Infinitiv	Imperativ
warten	Warten Sie noch einen Moment draußen!
herein|kommen	Kommen Sie herein!

WORTSCHATZ

Nomen

maskulin (m)
der (Auto-)Mechaniker, -
der Bäcker, -
der Berater, -
   der Berufsberater, -
der Bereich, -e
das Formular, -e
der Friseur, -e
der Handwerker, -
der Journalist, -en
der Kalender, -
der Kaufmann, -leute
   der Hotelkaufmann, -leute
der Krankenpfleger, -
der Motorroller, -
der Patient, -en
der Politiker, -
der Polizist, -en
der Zivildienst, nur Sg.

neutral (n)
das Amt, ⸚er
   das Arbeitsamt, ⸚er
das Gebäude, -
das Haustier, -e
das Holz, *hier:* nur Sg.
das Interview, -s
das Metall, -e
das Rezept, -e
das Studium, Studien
das Team, -s

feminin (f)
die Beratung, -en
   das Beratungsgespräch, -e
die Erdkunde, nur Sg.
die Kauffrau, -en
   die Reisekauffrau, -en
die Krankenschwester, -n
die Möglichkeit, -en
die Nachricht, -en

die Operation, -en
die Pflanze, -n
die Philosophie, *hier:* nur Sg.
die Reportage, -n
die Schülerzeitung, -en
die Technik, *hier:* nur Sg.
die Werkstatt, ⸚en
die Zeichnung, -en
die Zeitung, -en
   die Schülerzeitung, -en
die Zeitschrift, -en

Verben
aus|füllen
buchstabieren
bauen
entscheiden, hat entschieden
Fragen stellen
herein|kommen, ist hereingekommen
konstruieren
nach|denken (über Akk.), hat nachgedacht

planen
Platz nehmen, hat Platz genommen
rechnen
schauen
stehen, hat gestanden
vorbei|kommen, ist vorbeigekommen
vorbereiten (für Akk.)

Adjektive
allgemein
handwerklich
körperlich
kreativ
negativ
nützlich
romantisch
spannend

Adverbien
noch einmal
sonst

Das kann ich jetzt!

etwas benennen/identifizieren
Er ist Architekt von Beruf.
Welche Unterrichtsfächer gefallen Ihnen denn?

etwas begründen
Ich mag meinen Beruf, weil ich sehr gern Süßigkeiten esse!

etwas verneinen
Ich möchte auf keinen Fall allein im Büro arbeiten.

Gefallen/Missfallen ausdrücken
Das finde ich sehr gut/interessant/spannend ...
Das ist sehr schwierig/anstrengend/ ...

Grade ausdrücken
Das ist sehr/nicht so/gar nicht interessant!

Wichtigkeit ausdrücken
Das ist sehr/besonders wichtig.
Das ist nicht so/überhaupt nicht wichtig.

jemanden auffordern
Kommen Sie herein!
Nehmen Sie Platz!
Kommen Sie morgen vorbei!

Höflichkeit ausdrücken
Darf ich Ihnen ein paar Fragen stellen?

Interesse/Desinteresse ausdrücken
Sport interessiert mich sehr.
Technik interessiert mich nicht.

zögern
Ich weiß nicht. Ich denke noch darüber nach.

Lernen lernen

Erkläre grammatische Regeln mit eigenen Worten – so verstehst du sie besser. → A5
Beim Notieren: Kürze Wörter ab, z.B. *Unterrichtsfächer – U-Fächer*, ... → B3
Markiere die wichtigsten Stellen im Text. → C2

25 Medien

A Vorsicht: Medien!

A

B

C

A2 HÖREN
1/23

Teil 1: Was ist das Thema? Kreuze an.

- [a] Wie nutzen junge Leute ihr Handy, ihren Computer ...?
- [b] Was sind die Gefahren und Probleme mit dem Handy, dem Computer ...?

A1 BESPRECHEN

Schaut die Fotos an: Welche Medien nutzt ihr im Alltag? Welche Vorteile und Nachteile haben diese Medien? Sammelt Ideen.

A3 HÖREN
1/24

a) Teil 2: Richtig oder falsch? Kreuze an.

		r	f
1	Lenka hatte viele verschiedene virtuelle Flirt-Freunde.	r	f
2	Lenka hat viele SMS geschickt.	r	f
3	Lenka hat ihre Handy-Rechnungen immer bezahlt.	r	f
4	Die Eltern haben erfahren: Lenkas Flirt-Freund ist ein Computer-Programm!	r	f
5	Lenka antwortet nur noch auf die SMS von Freunden.	r	f
6	Lenka geht nie ohne Handy aus.	r	f

b) Teil 3: Ergänze.
1/25

1 Harry hat bis zu zehn Stunden ...
2 Bald hatte Harry keine ... , seine Schulnoten waren ..., er hatte Probleme mit ...
3 Harrys Vater hat ... bei einem Psychologen ausgemacht.
4 Der Psychologe hat mit Harry ...
5 Harry macht heute wieder ... und geht ...

Beim Hören: Mach Notizen! Schreib nur wichtige Informationen!

A4 GRAMMATIK

Wie heißen die Formen im Präsens? Ergänze.

Präsens

1 Lenka: *Ich konnte meine Handy-Rechnungen nicht mehr bezahlen.*   kann
Da musste ich natürlich meinen Eltern alles sagen. (...)   _____

2 Harry: *Ich wollte nicht essen und nicht ausgehen. (...)*   _____
Am Anfang durfte ich noch maximal drei Stunden am Tag spielen. (...)   _____

Präteritum von Modalverben	
	können
ich	konnte
du	konntest
er/sie	konnte
wir	konnten
ihr	konntet
sie/Sie	konnten

Meine Regel

Modalverben im Präteritum
können – ich konnte: ö → __o__
müssen – ich musste: ü → ____ + ____
dürfen – ich durfte: ü → ____
⚠ wollen – ich wollte

Die Modalverben im Präteritum haben keinen Umlaut – aber immer ein -t!

A5 GRAMMATIK

Ergänze die Modalverben im Präteritum.

> Sinus   5.10.   16:12
>
> Ich hatte dasselbe Problem wie Lenka. Ich ___a___ *(können/müssen)* auch nicht mehr ohne mein Handy sein.
> Immer und überall ___b___ *(dürfen/müssen)* ich schauen: Ist mein Handy an? Habe ich eine SMS bekommen?
> Hat jemand angerufen? Mit den Lehrern hatte ich immer Streit, weil ich im Unterricht SMS geschrieben habe.
> Deshalb ___c___ *(wollen/dürfen)* ich mein Handy dann nicht mehr in die Schule mitnehmen. Und eines Tages
> ___d___ *(können/wollen)* ich wie Lenka meine Handy-Rechnungen nicht mehr bezahlen, ich hatte ja nicht so viel
> Geld. Also überall nur Ärger! Es war klar: Ich ___e___ *(dürfen/müssen)* dringend etwas ändern.

A6 WORTSCHATZ

a) Macht Notizen.

1 Wie viel Zeit verbringst du ...
2 Was machst du ...

... mit deinem Handy?
... am Computer?
... im Internet?
... mit dem MP3-Player?
... vor dem Fernseher?

> SMS schicken I telefonieren I chatten I flirten I surfen I nach Informationen suchen I Fotos machen/austauschen I spielen I in einem Forum diskutieren I programmieren I eine Webseite machen I Hausaufgaben machen I Fremdsprachen lernen I Musik hören I Filme anschauen I Brieffreunde suchen ...

Handy:
1   2 bis 3 Stunden
2   SMS schicken, Fotos machen, ...

b) Bildet Dialoge.

Wie viel Zeit verbringst du am Computer?

Ungefähr 2 Stunden am Tag.

> *Verbinde neuen Wortschatz mit deinen Interessen, Tätigkeiten etc. So kannst du dir die Wörter besser merken!*

A7 SCHREIBEN

Dein Freund/deine Freundin hat ein Problem: Er/sie kann nicht mehr ohne Computer leben!

a) Sammle Ideen und Tipps: Wie kann man ihm/ihr helfen?

Freunde treffen, rausgehen ...

> *Vor dem Schreiben: Sammle Ideen und Wörter.*

b) Schreib ihm/ihr eine E-Mail und gib ihm/ihr Ratschläge: Was kann er/sie machen?

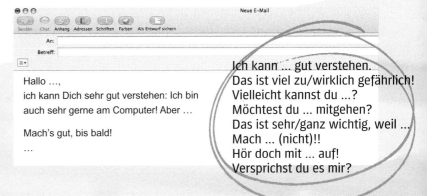

Hallo ...,
ich kann Dich sehr gut verstehen: Ich bin auch sehr gerne am Computer! Aber ...

Mach's gut, bis bald!
...

Ich kann ... gut verstehen.
Das ist viel zu/wirklich gefährlich!
Vielleicht kannst du ...?
Möchtest du ... mitgehen?
Das ist sehr/ganz wichtig, weil ...
Mach ... (nicht)!!
Hör doch mit ... auf!
Versprichst du es mir?

feel free!

Was das Adalbert Stifter Gymnasium besonders macht.

In Deutschland gilt
Rechts vor Links

QUER: **POLITIK/GESELLSCHAFT**

Alles nur geklaut:
Wie eine milliardenschwere Industr
kopierenden Schülern
zittert

Eine Frage der Ehre:
Die Bedeutungslosigkeit des Ehre
jüngere Generation

Sitzen für immer:
Das Leben als Rollstuhlfahr

B1 BESPRECHEN

a) **Schaut die Bilder an: Was ist das? Welche Themen können in einer solchen Zeitung sein?**
b) **Gibt es an eurer Schule Schülerzeitungen? Welche? Was steht in einer Schülerzeitung?**
c) **Was bedeutet der Titel „Rückenwind"? Sammelt Ideen und vergleicht mit Raphaels Zitat.**

> „Rückenwind soll die Schüler informieren und unterhalten. Die Artikel sind aktuell und kritisch, sie zeigen unsere Meinung, die Meinung der Schüler. Rückenwind „spricht" sozusagen für die Schüler an unserer Schule und gibt ihnen „Rücken-wind". *Raphael, ehemaliger Chefredakteur*

B2 WORTSCHATZ

Schau die Schülerzeitung „Rückenwind" an. Ordne die Wörter zu.

☐ die Titelseite, -n   ☐ die Überschrift, -en

☐ das Bild, -er   ☐ der Inhalt, -e   1 der Titel, -

B3 LESEN

Lies die Anzeige: Markiere die Antworten im Text.

1 Wer sind die Gäste im Live-Chat?
2 Von welcher Schule kommen sie?
3 Warum sind sie im Live-Chat?

**Heute um 15 Uhr!
Live-Chat mit Rückenwind-
Redakteuren, nur
hier, nur heute, nur für euch!**

Zu Gast bei uns sind heute die Redakteure der Schülerzeitung „Rückenwind" vom Adalbert-Stifter-Gymnasium in Passau. Immer wieder nimmt „Rückenwind" mit viel Erfolg an verschiedenen Wettbewerben teil! Erst vor Kurzem hat die Schülerzei-tung beim Wettbewerb der Zeitschrift DER SPIEGEL einen Preis gewonnen. Wie schaffen die das bloß ☺? Wenn ihr es wissen wollt, fragt sie selbst um 15 Uhr!

B4 LESEN

a) **Markiert die Fragen an „Rückenwind" und unterstreicht die wichtigen Wörter in den Fragen.**
b) **Was antworten die „Rückenwind"-Redakteure auf die Fragen von Antje und Mike? Schreibt mindestens drei Stichwörter.**

1 Antje:

2 Mike:

Rückenwind im Live-Chat

Moderator: *Willkommen beim Live-Chat. Mein Name ist Jens und ich bin heute der Moderator des Chats. Wie immer habt ihr eine Stunde Zeit für eure Fragen. Unsere Gäste sind schon da, also los und viel Spaß!* ☺

Rückenwind-Team: Danke für die Einladung und hallo zusammen! Wir sind bereit ☺!

Antje: *Ich arbeite auch bei einer Schülerzeitung mit, aber bei uns in der Redaktion haben wir oft Chaos ... Meine Frage: Wie organisiert ihr eure Redaktionsarbeit?*

Rückenwind-Team: Hallo Antje! Also, unser Team ist ziemlich groß und die Koordination ist da schon sehr wichtig! In unserer Zeitung schreiben wir ja über viele Themen: unsere Schule, Deutschland und die Welt, Kultur, Musik ... Und für jedes Thema gibt es eine Gruppe von Schülern: Sie sammelt Informationen, schreibt die Texte, macht Fotos usw. Das heißt, alle Schüler kennen ihre Aufgaben. Aber wir arbeiten nicht allein, sondern mit unserem Lehrer zusammen. Er kontrolliert alles und hilft uns auch bei der Koordination. Den Rest machen wir dann selbst.

Mike: *Hi, ich bin auch auf dem Adalbert-Stifter-Gymnasium. Ich gehe in die 8. Klasse und möchte gern in eurer Redaktion mitmachen. Geht das? Was muss ich besonders gut können?*

Rückenwind-Team: Ganz wichtig für unseren Job ist: kreativ sein und viele Ideen mitbringen. Und sehr viel Zeit!! Natürlich musst du auch gern schreiben, gut mit anderen Menschen zusammenarbeiten und leicht Kontakt aufnehmen können. Ich schlage vor, du kommst einfach nächsten Mittwoch um 16 Uhr vorbei, da haben wir unser Redaktionstreffen. Dann kannst du dir einfach mal unsere Arbeit anschauen.

> *Grafische Elemente zeigen dir die Textstruktur. So verstehst du den Text leichter!*

B5 GRAMMATIK

Lies die Sätze und ergänze die Regel.

1 Rückenwind: *Am Mittwoch um 16 Uhr haben wir unser Redaktionstreffen.*
2 Jens: *Ihr habt eine Stunde Zeit für eure Fragen.*
3 Rückenwind: *Alle Schüler kennen ihre Aufgaben.*

Meine Regel

Possessivartikel im Plural	
Personalpronomen	→ Possessivartikel
wir	→ _____
ihr	→ _____
sie	→ _____
Sie	→ Ihr, Ihre

B6 BESPRECHEN

**Possessivartikel: Übersetzt die Sätze aus B5 und vergleicht.
Was ist ähnlich, was ist anders?**

B7 GRAMMATIK

Was ist richtig? Kreuze an.

Wir arbeiten nicht allein, sondern mit unserem Lehrer zusammen.

- [a] Wir arbeiten mit unserem Lehrer zusammen.
- [b] Wir arbeiten allein, unser Lehrer hilft uns nicht.

> **Konjunktion:** *nicht ... sondern*
> Wir arbeiten nicht allein, sondern mit unserem Lehrer zusammen.

B8 AUSSPRACHE

/26

a) **Satzakzent: Hör, markiere und sprich nach.**
b) **Satzmelodie: Hör, markiere und sprich nach.**

1 Wir arbeiten nicht allein ↗, sondern mit unserem Lehrer zusammen ↘!
2 Wir arbeiten nicht in der Schule ☐, sondern zu Hause ☐.
3 Die Schulbibliothek hat nicht zehn Computer ☐, sondern sieben ☐.

B9 SPRECHEN

a) **Jeder schreibt eine falsche Information auf einen Zettel.**
b) **Mischt die Zettel, zieht einen, lest und korrigiert die falsche Aussage.
Bildet einen Satz mit *nicht ... sondern*.**

> In unserer Klasse sind 13 Mädchen.

> *In unserer Klasse sind nicht 13 Mädchen, sondern 6 Mädchen!*

25 c Schüler machen Fernsehen

Schüler machen Fernsehen – so heißt ein Unterrichtsfach in der 8. Klasse am Gymnasium in Tiengen. Die Schüler machen bei verschiedenen Video-Projekten mit, sie lernen die Arbeiten im Studio, sie bearbeiten ihre Reportagen inhaltlich und technisch und bekommen zum Schluss eine Note dafür! Am Ende muss alles stimmen, denn die Reportagen kommen im lokalen Fernsehsender.

Wir filmen auch im Studio! Dann laden wir Leute zu uns ein, zum Beispiel für ein Interview oder eine Diskussion. Hier ist unser Sportlehrer zu einem Interview ins Studio gekommen und Kai hat ihm Fragen zum Fußballspiel gestellt.

Wir machen die Moderation! Hier begrüßt Tine gerade die Zuschauer. Danach spricht sie noch die Kommentare zu den einzelnen Videosequenzen. Oskar muss dann später die Moderation noch einfügen.

Wir planen! Denn wir möchten eine Reportage machen über unser Sportfest. Zuerst besprechen wir: Was ist interessant, was können wir filmen? Wer filmt? Wer ist der Moderator, wer der Reporter? Wer schreibt die Texte für die Moderation und die Fragen für die Interviews? Dann teilen wir die Aufgaben auf.

Wir filmen „live"! Timo macht hier gerade ein Interview mit dem Torwart der Klasse 12, Torsten filmt. Das Fußballspiel zwischen den 11. und 12. Klassen war der Höhepunkt des Sportfests!

Wir müssen schneiden und kürzen! Das Videomaterial ist wie immer viel zu lang. Wir haben z.B. das ganze Fußballspiel gefilmt, aber wir zeigen nur die Tore. Wir müssen auch klären: Was kommt zuerst, was kommt danach? Hier sitzt Oskar am Computer, er ist unser Computer-Spezialist.

Das Projekt ist fertig – wir sind auf Sendung! Der lokale Fernsehsender zeigt unsere Reportage über das Sportfest. Es war viel Arbeit, aber jetzt sind wir alle glücklich und zufrieden.

C1 BESPRECHEN

Schaut die Bilder an: Was machen die Schüler?
Gibt es ein ähnliches Projekt an eurer Schule?

C2 LESEN

Stichwörter und Texte: Ordne zu.

	Text		Text		Text
Leute ins Studio einladen	☐	planen	☐	Kommentare zu den Videosequenzen sprechen	☐
die Moderation machen	☐	die Reportage im Fernsehen anschauen	☐	„live" filmen	☐
Fragen besprechen	☐	die Aufgaben aufteilen	☐	das Videomaterial kürzen und schneiden	☐
auf Sendung gehen	☐				

C3 BESPRECHEN

Übersetzt und vergleicht: Was ist ähnlich, was ist anders?

die Reportage ▐ der Reporter ▐ die Kamera   das Interview   das Studio ▐ filmen   die Moderation

C4 SCHREIBEN

Plant eine Video-Reportage.

> Was möchtet ihr machen?
> Was könnt ihr filmen?
> Wen möchtet ihr interviewen?
> Welche Fragen möchtet ihr stellen?
> Was könnt ihr „live" filmen, was im Studio?

Eine Reportage über die Arbeit der Theatergruppe
Ein Theaterstück, ...
Die Schauspieler, den Regisseur ...
Wie oft ...? Wie lange ...?

GRAMMATIK

Präteritum von Modalverben

Infinitiv	können	müssen	wollen	dürfen
ich	konnte	musste	wollte	durfte
du	konntest	musstest	wolltest	durftest
er/es/sie	konnte	musste	wollte	durfte
wir	konnten	mussten	wollten	durften
ihr	konntet	musstet	wolltet	durftet
sie/Sie	konnten	mussten	wollten	durften

Possessivartikel im Nominativ

	ich	du	er/es	sie	
(m+n)	mein	dein	sein	ihr	Team
(f+Pl)	meine	deine	seine	ihre	Arbeit
	wir	**ihr**	**sie/Sie**		
(m+n)	unser	euer	ihr/Ihr	Team	
(f+Pl)	unsere	eure	ihre/Ihre	Arbeit	

Konjunktion *nicht ... sondern*

Wir arbeiten nicht allein, sondern mit unserem Lehrer zusammen.

WORTSCHATZ

Nomen
maskulin (m)
der Ärger, nur Sg.
der Artikel, -
der Brieffreund, -e
der Chat, -s
der Inhalt, -e
der Psychologe, -n
der Redakteur, -e
   der Chefredak-
   teur, -e
der Rest, -e
der Streit, *hier:* nur Sg.
der Titel, -

neutral (n)
das Chaos, nur Sg.
das Forum, Foren
das Treffen, -

feminin (f)
die Einladung, -en
die Gefahr, -en
die Koordination, -en
die Kultur, -en
die Meinung, -en
die Rechnung, -en
die Redaktion, -en
die SMS, -

die Titelseite, -n
die Überschrift, -en
die Webseite, -n

Plural (Pl)
die Medien

Verben
an sein
antworten (auf Akk.)
auf|hören
auf|nehmen, hat auf-
   genommen
   Kontakt aufnehmen

aus|machen
   einen Termin aus
   machen
aus|tauschen
erfahren, hat erfahren
informieren
kontrollieren
mit|gehen, ist mitge-
   gangen
nutzen
versprechen, hat ver-
   sprochen
vor|schlagen, hat vor-
   geschlagen

zusammen|arbeiten

Adjektive
bereit
dringend
kritisch
virtuell

Adverbien
bloß
ungefähr
vor Kurzem

Das kann ich jetzt!

Freizeitaktivitäten beschreiben
Wie viel Zeit verbringst du am Computer?
Ungefähr 3 Stunden am Tag. Ich suche nach
Informationen und diskutiere in Foren.

Verständnis ausdrücken
Ich kann dich sehr gut verstehen!

einen Ratschlag geben
Vielleicht kannst du ...

einen Vorschlag machen
Ich schlage vor, du kommst einfach vorbei.

Grade ausdrücken
Das ist wirklich/sehr/viel zu/ganz/nicht so gefährlich.

mich verabschieden
Mach's gut!

mich vorstellen
Mein Name ist Jens und ich bin heute der Moderator.

Voraussetzungen beschreiben
Du musst kreativ sein und Ideen mitbringen.

einen Gegensatz ausdrücken
Wir arbeiten nicht allein, sondern mit unserem Lehrer zusammen.

Lernen lernen

Beim Hören: Mach Notizen! Schreib nur wichtige Informationen!	→ A3
Die Modalverben im Präteritum haben keinen Umlaut – aber immer ein -*t*!	→ A4
Verbinde neuen Wortschatz mit deinen Interessen, Tätigkeiten etc. So kannst du dir die Wörter besser merken.	→ A6
Vor dem Schreiben: Sammle Ideen und Wörter!	→ A7
Grafische Elemente zeigen dir die Textstruktur. So verstehst du den Text leichter!	→ B4

A Jung und freiwillig!

A

B

C

A1 BESPRECHEN

Schaut die Fotos an: Was machen die Jugendlichen? Wo arbeiten sie? Sammelt Ideen.

A2 LESEN

Texte und Fotos: Ordne zu.

1 ☐   2 ☐   3 ☐

„Ich mache mit!"

Hier stellen wir drei engagierte Jugendliche vor. Sie helfen Behinderten, besuchen alte Menschen oder machen bei der Feuerwehr mit! Und das alles freiwillig!

von Klara Menningen & Julian Dehmer
(Ansprechpartner für das Projekt)

1 Hallo! Ich bin Andy und ich bin 15 Jahre alt. Einmal pro Woche arbeite ich in einem Pflegeheim für Behinderte mit.

Meistens helfe ich einem Jungen. Er heißt Kai und sitzt im Rollstuhl. Wir gehen zusammen einkaufen, zur Apotheke oder einfach im Park spazieren. Früher hatte ich keine Ahnung, Rollstuhlfahren ist wirklich schwierig! Besonders enge Eingänge und Treppen sind für Rollstuhlfahrer ein Problem.

2 Hallo, mein Name ist Lisa, ich bin 17 und dreimal im Monat im Altenheim tätig. Ich helfe den alten Menschen beim Essen und Trinken, kaufe für sie ein und oft spielen wir auch zusammen (Würfelspiele, Karten usw.). Am Anfang habe ich das gar nicht gedacht, aber diese Besuche sind wirklich interessant! Von den alten Menschen kann ich sehr viel über die Vergangenheit lernen. Diese Erfahrung ist sehr wichtig für mich.

3 Mein Name ist Martin, ich bin 18 Jahre alt und in der Jugendfeuerwehr Sachsenhausen freiwillig engagiert. Zweimal im Monat üben wir so spannende Dinge, z.B. wie man ein Feuer richtig löscht. Manchmal fahre ich auch schon in einem Löschfahrzeug mit und helfe Menschen in Not: z.B. bei Wasser oder Feuer in der Wohnung. Für andere Menschen da sein, und ihnen helfen – das macht mich sehr froh!

A3 LESEN

Ergänze.

	Wo arbeiten sie?	Wie oft arbeiten sie?	Was sind ihre Aufgaben?
1 Andy	Pflegeheim für Behinderte		
2 Lisa		dreimal im Monat	
3 Martin			bei Wasser oder Feuer in der Wohnung helfen

A4 GRAMMATIK

a) Was sagen die Jugendlichen über ihre Arbeit? Ordne zu.

1 Andy hatte keine Ahnung, ...

2 Lisa findet, ...

3 Martin ist sehr froh, ...

a ... dass die Besuche im Altenheim interessant sind.

b ... dass er anderen Menschen helfen kann.

c ... dass Rollstuhlfahren so schwierig ist.

> Nebensatz mit *dass*
> Andy hatte keine Ahnung, dass
> Rollstuhlfahren so schwierig ist.

b) Markiere die Verben in den *dass*-Sätzen in A4a). Kreuze an.

Meine Regel

Nebensatz mit *dass* → Verb: ☐ **Position 2** ☐ **am Ende**

A5 AUSSPRACHE

/27

Satzmelodie: Hör die Sätze aus A4 und sprich nach.

1 Andy hatte keine Ahnung ↗, dass Rollstuhlfahren so schwierig ist. ↘

2 ...

A6 GRAMMATIK

Was sagen die Jugendlichen? Ergänze.

1 Andy: *Besonders enge Eingänge und Treppen sind für Rollstuhlfahrer ein Problem!*
Andy weiß, dass ...

2 Lisa: *Von den alten Menschen kann ich sehr viel lernen.*
Lisa findet, dass sie ...

3 Martin: *Zweimal im Monat üben wir spannende Dinge.*
Martin erzählt, dass sie ...

A7 SPRECHEN

a) Wo möchtet ihr (nicht) freiwillig arbeiten? Warum (nicht)? Macht Notizen.

b) Tauscht eure Notizen. Was findet/meint/... euer Partner/eure Partnerin? Berichtet.

● *Daniela möchte nicht im Kindergarten arbeiten.*
Sie meint, dass die Kinder zu frech sind.

▲ *Moritz möchte im Sportverein arbeiten.*
Er denkt, dass die Arbeit spannend ist.

> **die Arbeitsplätze:**
> im Altenheim ❙ im Kindergarten ❙ im Pflegeheim ❙ im Sport-
> verein ❙ im Museum ❙ bei der Feuerwehr ❙ ...
>
> **die Arbeit:**
> spannend ❙ aufregend ❙ gefährlich ❙ anstrengend ❙ lang-
> weilig ❙ ...
>
> **die Menschen:**
> nett ❙ optimistisch ❙ egoistisch ❙ sensibel ❙ einsam ❙ pessi-
> mistisch ❙ frech ❙ klug ❙ ...

A Das Festivalgelände

B Der Zeltplatz

C Der Supermarkt

D Das Chill-out-Zelt

B1 BESPRECHEN

Schaut die Fotos an: Wo sind die Leute? Was machen sie? Sammelt Ideen.

B2 HÖREN

1/28

Beantworte die Fragen. Kreuze an.

1 Wie viele Personen sprechen?

2 Welche Orte hörst du?

☐ Zelt ☐ Duschen ☐ Chill-out-Zelt
☐ Supermarkt ☐ Ticket-Büro

B3 HÖREN

1/28

Richtig oder falsch? Kreuze an.

1 Thorsten und Manuel gehen einkaufen. ☐ r ☐ f

2 Thorsten möchte ins Chill-out-Zelt gehen. ☐ r ☐ f

3 Dort kann man Musik hören. ☐ r ☐ f

4 Thorsten und Caroline kaufen ein Taschenmesser und ein Insektenspray. ☐ r ☐ f

5 Sie nehmen zwei Packungen Spaghetti mit. ☐ r ☐ f

6 Sie treffen Manuel am Zelt. ☐ r ☐ f

7 Manuel hat das Abendessen schon gekocht. ☐ r ☐ f

B4 GRAMMATIK

a) **Lies die Dialoge.**
Für wen stehen die markierten Wörter?
Notiere C (Caroline), T (Thorsten) und M (Manuel).

1 Manuel: *Kannst du vielleicht einkaufen gehen?*
Thorsten: *Warum denn schon wieder ich?*
Caroline: *Hey, streitet euch nicht.* _____

2 Thorsten: *Wir treffen uns hier wieder um sechs am Zelt, o.k.?* _____
Manuel: *Ja, klar.*

3 Caroline: *Wohin geht denn Manuel?*
Thorsten: *Er geht ins Chill-out-Zelt. Er muss sich ja von gestern Abend erholen.* _____

4 Thorsten: *Ich habe es doch gewusst: Schau mal da drüben, wer da aus dem Chill-out-Zelt kommt. Komm, beeil dich.* _____
Caroline: *Ja, ja.*

5 Thorsten: *Ja, hallo, so trifft man sich wieder.* _____
Manuel: *Ich wollte gerade zum Zelt ... zum Kochen.*

6 Caroline: *Mein erster Abend hier: Ich freue mich so.* _____
Thorsten: *Ja, und das Konzert wird sicher super.*

> **Reflexivpronomen**
> Manuel erholt sich.
> Caroline, Thorsten und Manuel
> treffen sich am Chill-out-Zelt.

> **Reflexive Verben**
> sich beeilen   sich streiten
> sich erholen   sich treffen
> sich freuen   ...

b) Ergänze. B4a) hilft!

Meine Regel	Personalpronomen im Nominativ	ich	du	er/es/sie	wir	ihr	sie/Sie
	Reflexivpronomen im Akkusativ						

Personalpronomen im Akkusativ
mich
dich
ihn/es/sie
uns
euch
sie/Sie

*Bei den Reflexivpronomen im Akkusativ musst du dir nur „sich"
bei er/es/sie und sie/Sie merken, die anderen Formen sind wie die
Personalpronomen im Akkusativ.*

B5 GRAMMATIK

Ergänze die Dialoge mit den Reflexivpronomen.

1 Caroline: *Ich spüle ab, dann könnt ihr _____ noch etwas erholen.*
 Thorsten/Manuel: *Klasse! Super! Danke dir.*

2 Thorsten: *Caroline, jetzt komm, beeil _____! Das Konzert fängt in fünf Minuten an.*
 Caroline: *Ja, sofort. Ich beeile _____ ja schon.*

3 Manuel: *Sag mal, Thorsten, wo hast du denn das Insektenspray wieder hingelegt?*
 Thorsten: *Was heißt hier „wieder"?*
 Caroline: *Ach, warum müsst ihr _____ denn immer streiten? Hier ist es doch.*

4 Thorsten: *Treffen wir _____ in einer halben Stunde am Chill-out-Zelt?*
 Caroline: *Ja, super.*

*Markiere das Subjekt! Dann findest du leicht das
richtige Reflexivpronomen!*

B6 SCHREIBEN

Macht selbst Übungen zu reflexiven Verben.

a) **Schreibt sechs Übungen wie im Beispiel.**
b) **Tauscht eure Übungen mit einer anderen Gruppe. Die Gruppe macht die Übung.
 Ihr korrigiert.**

1
■ *Hallo Laura!*
● *Es tut mir leid. Ich habe gerade keine Zeit. Ich habe es eilig!*
■ *Alles klar! Wir treffen ____ ja am Montag!*

2
■ *Warum ziehst du _____ so schick an?*
● *Ich bin mit Anja verabredet.*

3
■ *Was ist mit Luisa los? Hat sie _____ verletzt?*
● *Ja. Sie ist gestern im Ballettkurs hingefallen.*

sich beeilen	sich anziehen
sich streiten	sich entschuldigen
sich erholen	sich langweilen
sich treffen	sich verletzen
sich freuen	sich verstehen

Mach selbst Übungen! So kannst du auch viel lernen!

C1 BESPRECHEN

Schaut die Fotos an und lest den Titel: Was bedeuten „Jungunternehmer" und „Decke"? Bildet Hypothesen.

Mit 24 Jahren das erste Patent*

Jungunternehmer erfindet Decke Doojo!

Düsseldorf. Doojos Geschichte beginnt im Jahre 2005: Darko Sulentic sitzt an einem kalten Sommerabend auf dem Balkon, und plötzlich hat er 5 eine Idee! Eine Decke mit Ärmeln – das ist die Lösung gegen die Kälte! Die Idee gefällt seiner Mutter sehr, und sie näht eine Ärmeldecke. Kurze Zeit später meldet Darko seine Erfin- 10 dung beim Deutschen Patent*- und Markenamt an. Seitdem hat er ein kleines Geschäft, und die Decke verkauft sich sehr gut.

Der Vorteil seiner Erfindung ist klar: 25 Mit der Ärmeldecke Doojo kann sich der Benutzer frei bewegen: zu Hause, im Fußballstadion oder im Kinderwagen, im Flugzeug oder im Rollstuhl. Mit Doojo kann man die 20 Arme und die Hände benutzen: beim Lesen, Fernsehen oder Computer spielen. Die Handschuhe kann man auch leicht wegmachen. Die Decke sieht vielleicht ein wenig verrückt aus, sie ist aber sehr warm und kuschelig. Und es gibt nicht nur ein Modell: Es gibt die Decke in verschiedenen Farben, Stoffen und Größen.

*das Patent, -e: ein Recht auf eine Erfindung. Mit diesem Recht kann man als Einziger die Erfindung wirtschaftlich nutzen.

C2 LESEN

Wie ist Darkos Unternehmen entstanden? Wie ist die richtige Reihenfolge? Notiere.

☐ die Ärmeldecke nähen

☐ Geld verdienen

☐ eine Geschäftsidee haben

☐ die Ärmeldecke als Patent anmelden

C3 LESEN

Beantworte die Fragen.

1 Was ist der Vorteil der Ärmeldecke? 2 Wo kann man die Decke benutzen? 3 Welche Modelle gibt es?

C4 SPRECHEN

Wählt eine Aufgabe aus: a) oder b).
a) Erfindet ein neues Produkt und stellt es in der Klasse vor.
b) Sucht eine originelle Erfindung im Internet und stellt sie in der Klasse vor.

Name der Erfindung?
Unsere Erfindung heißt ...
Vorteile der Erfindung?
Damit kann man ...
... macht/sagt/gibt/zeigt/...

Welche Eigenschaften?
Unser ... ist praktisch/bequem/klug/witzig/ schnell/stark/günstig/verrückt/virtuell ...
Wann/Wo kann man das Produkt benutzen?
... kann man in der Schule/zu Hause/im Park ... benutzen

Vor dem Sprechen: Bereite deine Materialien (Fotos, CDs, Broschüren ...) vor!

GRAMMATIK

Reflexivpronomen im Akkusativ

Personalpronomen im Nominativ	ich	du	er/es/sie	wir	ihr	sie/Sie
Personalpronomen im Akkusativ	mich	dich	ihn/es/sie	uns	euch	sie/Sie
Reflexivpronomen im Akkusativ	mich	dich	sich	uns	euch	sich

Reflexive Verben

Infinitiv	sich freuen	**auch so**: sich beeilen, sich erholen, sich streiten, sich treffen
ich	freue mich	
du	freust dich	
er/es/sie	freut sich	
wir	freuen uns	
ihr	freut euch	
sie/Sie	freuen sich	

Nebensatz mit *dass*

Hauptsatz	Nebensatz mit *dass*			
	Position 1	Position 2	...	am Ende
Andy hatte keine Ahnung,	dass	Rollstuhlfahren	so schwierig	ist.

WORTSCHATZ

Nomen

maskulin (m)
der Eingang, ⸚e
der Rollstuhl, ⸚e
  der Rollstuhlfahrer, -
der Würfel, -

neutral (n)
das Abendessen, nur Sg.
das Heim, -e
  das Alten-, Pflegeheim, -e
das Ballett, nur Sg.
das Camping, nur Sg.
das Ding, -e

das Feuer, -
das Insekt, - en
  das Insektenspray, -s
das Taschenmesser, -
das Zelt, -e

feminin (f)
die Erfahrung, -en
die Feuerwehr, -en
die Not, nur Sg.
die Packung, -en
die Treppe, -n
die Vergangenheit,
  nur Sg.

Verben
hinlegen
sich an|ziehen
sich beeilen
sich erholen
sich entschuldigen
fallen, ist gefallen
sich freuen
sich langweilen
sich streiten, hat sich
  gestritten
sich treffen, e→i, hat
  sich getroffen
sich verletzen

sich verstehen
vor|stellen
  jemanden vorstellen

Adjektive
aufregend
behindert
  der Behinderte, -n
egoistisch
eilig
  es eilig haben
einsam
eng
engagiert

frech
freiwillig
klug
optimistisch
pessimistisch
schrecklich
sensibel
tätig
verabredet

Adverbien
drüben
meistens

Das kann ich jetzt!

Zufriedenheit ausdrücken
Martin ist sehr froh, dass er anderen Menschen helfen kann.
Ich freue mich so!

eine Meinung wiedergeben
Was findet/meint dein Partner/deine Partnerin?
Lisa findet, dass die Besuche im Altenheim interessant sind.

Wissen ausdrücken
Andy weiß, dass enge Eingänge und Treppen für Rollstuhlfahrer ein Problem sind.

Zahlen/Maße angeben
Wir nehmen eine Packung/zwei Packungen Spaghetti.

eine Notwendigkeit ausdrücken
Caroline, jetzt komm, beeil dich! Das Konzert fängt in fünf Minuten an.
Ja, sofort. Ich beeile mich ja schon.

mich verabreden
Treffen wir uns in einer halben Stunde am Chill-out-Zelt?
Ja, super.

Lernen lernen

Bei den Reflexivpronomen im Akkusativ musst du dir nur *sich* bei *er/es/sie* und *sie/Sie* merken, die anderen Formen sind wie die Personalpronomen im Akkusativ! → B4
Markiere das Subjekt! Dann findest du leicht das richtige Reflexivpronomen! → B5
Mach selbst Übungen! So kannst du auch viel lernen. → B6
Vor dem Sprechen: Bereite deine Materialien (Fotos, CDs, Broschüren ...) vor! → C4

27 Essen

A Willkommensparty

B

C

A

A1 BESPRECHEN

Wo sind die Jugendlichen? Was machen sie? Was essen sie?

A2 LESEN

a) Markiere die Antworten im Text.

1 Was organisieren Niklas und Johnny?   2 Für wen?   3 Wo?   4 Wann?

**b) Was erfährst du aus der E-Mail? Ergänze die Notizen auf dem Zettel.
Du findest nicht zu allen Punkten etwas in der E-Mail.**

Neue E-Mail

Senden Chat Anhang Adressen Schriften Farben Als Entwurf sichern

An:

Hallo Leute,
Ihr wisst ja alle, unsere Austauschschüler aus Marbella kommen am Donnerstagabend an, das ist ja schon übermorgen! Und wie besprochen organisieren Johnny
und ich eine Willkommensparty für sie! ☺ Also … wir grillen alle zusammen am
Samstagnachmittag bei mir im Garten, so gegen 17 Uhr (Meine Eltern fahren morgen weg und kommen erst am Sonntag zurück.). Getränke und etwas zum Grillen
bringt jeder für sich und seinen Austauschschüler mit. Wir besorgen Brot und Semmeln für alle. Wer könnte einen Salat machen? Wir brauchen ungefähr 5 bis 6 Salate. (Vielleicht könntet Ihr auch zu zweit etwas vorbereiten, dann ist es nicht so viel
Arbeit für jeden). Und vielleicht noch etwas Süßes als Nachtisch? Wer könnte z.B.
Kuchen backen? Wir kümmern uns natürlich um das Feuer ☺! Habt Ihr noch Wünsche und Vorschläge? Gebt uns bitte bis Donnerstag Bescheid.
Niklas

*Vor dem Hören: Überleg und lies in der Aufgabe:
Welche Informationen brauchst du?*

Gäste: *Austauschschüler, …*

Getränke

zum Grillen

Brot und Semmeln

Salate

 etwas Süßes/Nachtisch

 Grill/Kohle

 Besteck

Geschirr

A3 HÖREN

1/29

Was gibt es noch? Was müssen sie noch einkaufen? Ergänze die Informationen auf dem Notizzettel von A2b).

A4 WORTSCHATZ

**a) Wie heißt das in Deutschland und in Österreich? Ergänze.
Du findest nicht zu allen Wörtern beide Varianten.**

die Paprika, -   die Tomate, -n   die Semmel, -n
das Brötchen, -   der Erdapfel, =
die Gurke, -n
der Paradeiser, -   die Marille, -n
die Kartoffel, -n      die Aprikose, -n

**b) Schweizerdeutsch: Was erkennst du?
Vergleiche mit den Wörtern in a).**

die Gugummere, -   die Pepperoni, -s
der Härdöpfel, -   die Barille, -n   das Weckli, -/Brötli, -

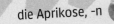 a *die Gurke, -n*   b ___   c ___

A5 GRAMMATIK

Was passt? Ordne zu und ergänze die Namen.

1 Johnny: *Wir könnten doch einfach Geschirr aus Pappe kaufen.*
   Niklas: *Ja, das ist eine gute Idee!*

2 Niklas: *Könntest du bitte Semmeln mitbringen?*
   Johnny: *Ja klar, mache ich!*

3 Johnny: *Ich hätte gern noch etwas Süßes.*
   Niklas: *Stimmt, der Nachtisch!*

[a] *Johnny* möchte gern .../ hat einen Wunsch.

[b] ____ hat eine Idee/schlägt etwas vor.

[c] ____ fragt/bittet höflich.

Konjunktiv II von *können* und *haben*
höfliche Fragen: Könntest du bitte eine Torte machen?
Vorschläge: Wir könnten Pia noch fragen.
Wünsche: Ich hätte gern etwas Süßes.

	können
ich	könnte
du	könntest
er/sie	könnte
wir	könnten
ihr	könntet
sie/Sie	könnten
auch so:	hätte

A6 GRAMMATIK

Ergänze *können* und *haben* im Konjunktiv II.

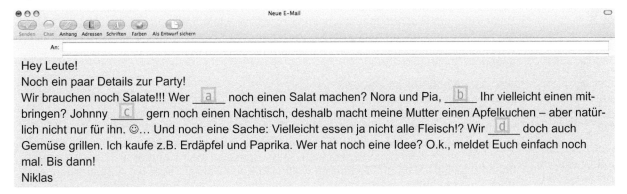

Neue E-Mail

An:

Hey Leute!
Noch ein paar Details zur Party!
Wir brauchen noch Salate!!! Wer [a] ____ noch einen Salat machen? Nora und Pia, [b] ____ Ihr vielleicht einen mitbringen? Johnny [c] ____ gern noch einen Nachtisch, deshalb macht meine Mutter einen Apfelkuchen – aber natürlich nicht nur für ihn. ☺ ... Und noch eine Sache: Vielleicht essen ja nicht alle Fleisch!? Wir [d] ____ doch auch Gemüse grillen. Ich kaufe z.B. Erdäpfel und Paprika. Wer hat noch eine Idee? O.k., meldet Euch einfach noch mal. Bis dann!
Niklas

A7 AUSSPRACHE

30

a) **Satzakzent: Hör, markiere und sprich nach.**
b) **Satzmelodie: Hör, markiere und sprich nach.**

1 Wir haben einen Paradeisersalat →, einen Gurkensalat → und einen Paprikasalat ↘.
2 Gabeln ☐, Messer ☐ und Löffel ☐ haben wir genug zu Hause.
3 Ich kaufe Würstchen ☐, Brot ☐, Semmeln ☐, ein paar Paprika ☐ und ein Kilo Erdäpfel ☐.

A8 SPRECHEN

Organisiert ein Klassenfest.

a) **Überlegt: Ist das ...?**

☐ eine Grillparty   ☐ ein Picknick
☐ eine Party in der Schule   ☐ ein Ausflug   ☐ ...

b) **Was müsst ihr kaufen? Schreibt einen Einkaufszettel.**

c) **Wer macht was? Wer hat welche Ideen? Verteilt die Aufgaben.**

Zum Essen:
15 Brötchen, ...
Getränke: ...
Besteck/Geschirr: ...

Könntest du ...?
Wer macht ...?
Ich habe einen Vorschlag ...
Ich hätte gern ...!
Wir brauchen noch ...
Soll ich noch ...?

ein Kilo ...
ein paar ...
ein Liter ...
10 Flaschen ...
eine Kiste ...
eine Packung ...

Beim Sprechen: Achte auf den Inhalt! Es ist kein Problem, wenn du nicht alles richtig sagst!

1

Name: Lesewurm
Mitglied seit: 11.02.2008
Beiträge: 36

Thema: Kocht ihr zu Hause?   28.11. 19:26

Hey Leute!
Ich habe gerade gegessen, heute hat meine Schwester etwas gekocht … Und ich muss
sagen, das hat überhaupt nicht geschmeckt! … Also, wir haben zu Hause einen Koch-
5 plan: Meine Schwester und ich müssen nämlich jeder einmal in der Woche abends für
die ganze Familie kochen. Das ist echt anstrengend, deshalb koche ich
meistens ganz einfache Nudelgerichte, die gehen schnell … An den
anderen Wochentagen kochen zum Glück unsere Eltern, und wir, also
meine Schwester und ich, müssen nichts machen. Und wie ist es bei
10 euch? Kocht ihr auch zu Hause? Und habt ihr auch so einen Kochplan
wie wir?

2

Name: Alisa22
Mitglied seit: 20.11.2008
Beiträge: 4

AW: Kocht ihr zu Hause?   28.11. 21:17

Hallo Lesewurm,
na ja, von Montag bis Freitag kocht bei uns niemand, es gibt also auch keinen Kochplan.
15 Wir sind die ganze Zeit unterwegs: Meine Eltern arbeiten beide viel und ich bin den ganzen Tag in der Schule und esse auch dort. Außerdem mache ich noch Sport und habe
Klavierunterricht, deshalb komme ich erst spät nach Hause und habe nur wenig Zeit.
Abends gibt es bei uns kalte Küche, also Brot mit Wurst und Käse, vielleicht noch einen
Salat. Aber am Wochenende kocht immer jemand. Mein Vater zum Beispiel kann richtig
20 gut kochen, und zusammen probieren wir gern neue Rezepte aus. Das Essen schmeckt
total lecker. Und mir gefällt auch das Zusammensein beim Mittagessen. Das haben wir
selten.

3

Name: Niko
Mitglied seit: 11.03.2007
Beiträge: 33

AW: AW: Kocht ihr zu Hause?   28.11. 22:01

Also ich koche total gern. Ich habe sogar ein Praktikum in einem Restaurant gemacht
25 und habe dort sehr viel gelernt – jetzt kann ich alles kochen! Ich koche sehr gern für
meine Familie, fast jeden Tag! Aber ich kann zu Hause nicht alles kochen. Meine Familie
und ich essen zum Beispiel kein Schweinefleisch, also koche ich für uns nur Rindfleisch
oder Hähnchen oder ganz vegetarisch. Außerdem darf meine Mutter nicht so fett essen,
deshalb passe ich da auf. Eigentlich wollte ich Koch werden, aber die Arbeitszeiten eines
30 Kochs sind furchtbar, deshalb habe ich doch einen anderen Beruf gewählt! …

B1   BESPRECHEN

Wer kocht bei euch zu Hause? Wer kann kochen? Was kocht ihr gern? Wie oft?

B2   LESEN

Ordne zu.

1 Lesewurm   [a] … kocht am Wochenende manchmal zu Hause.
2 Alisa22   [b] … kocht oft für seine Familie.
3 Niko   [c] … muss einmal pro Woche kochen, das steht auf dem Kochplan.

B3   LESEN

Richtig oder falsch? Kreuze an.

		r	f
1	Lesewurm schmeckt das Essen von seiner Schwester.	r	f
2	Er kocht sehr gern für die ganze Familie.	r	f
3	Er kocht meist einfache Gerichte.	r	f
4	Alisa22 isst am Mittag in der Schule.	r	f
5	Ihr Vater kocht am Abend immer dieselben Gerichte.	r	f
6	Sie sitzt gern mit ihrer Familie beim Essen zusammen.	r	f
7	Niko hat in einem Restaurant als Koch gearbeitet.	r	f
8	Zu Hause kocht er keine Gerichte mit Schweinefleisch.	r	f
9	Niko darf nicht fett essen, deshalb kocht seine Mutter nur vegetarisch.	r	f

B4 WORTSCHATZ

Ergänze und vergleiche dann mit dem Text.

1 Heute hat meine Schwester _____ *(nichts/etwas)* gekocht. Und ich muss sagen, das hat überhaupt nicht geschmeckt! ...

2 An den anderen Wochentagen kochen zum Glück unsere Eltern, und wir, also meine Schwester und ich, müssen _____ *(nichts/alles)* machen.

3 Von Montag bis Freitag kocht bei uns _____ *(jemand/niemand)*, es gibt also auch keinen Kochplan.

4 Aber am Wochenende kocht immer _____ *(jemand/niemand)*.

5 Ich habe sogar ein Praktikum in einem Restaurant gemacht und habe dort sehr viel gelernt – jetzt kann ich _____ *(alles/nichts)* kochen!

B5 GRAMMATIK

> Hauptsatz mit *außerdem*
> Ich bin lange in der Schule,
> **außerdem** mache ich viel Sport.

a) Was bedeutet der Satz? Kreuze an.

Ich bin lange in der Schule, außerdem mache ich viel Sport und habe Klavierunterricht.

- [a] Ich habe viel zu tun: Nach der Schule mache ich auch noch viel Sport und habe Klavierunterricht.
- [b] Ich habe viel zu tun: Ich habe also keine Zeit für Sport oder Klavierunterricht!

b) Schreib Sätze mit *außerdem* und ergänze.

1 Ich koche sehr gern für mich und meine Familie. Ich lade auch gern Freunde zum Essen ein.

2 Kochen mag ich überhaupt nicht. Es schmeckt auch total scheußlich bei mir.

3 Das Essen schmeckt total lecker. Mir gefällt auch das Zusammensein beim Mittagessen.

Hauptsatz	Hauptsatz		
	Position 1	Position 2	
1 *Ich koche sehr gern für mich und meine Familie,*	*außerdem*	*lade*	*ich ...*
2 ...			

B6 BESPRECHEN

Hauptsatz mit *außerdem*: Übersetzt und vergleicht. Was ist ähnlich, was ist anders?

Für uns koche ich nur Rindfleisch oder Hähnchen, außerdem darf meine Mutter nicht fett essen.

B7 SCHREIBEN

Forumsbeitrag zum Thema Kochen.

a) Sammle Ideen und Wörter.

> Kochst du zu Hause? Was?
> Wie oft?
> Was isst du zu Mittag?
> ... zu Abend?
> Wie oft esst ihr zu Hause gemeinsam?
> Wer kocht bei euch zu Hause?

Nudelgerichte, Fleisch, Gemüse, ...
Nicht so oft, einmal/zweimal pro ...
Pizza, Nudeln, ...
Brot, ...
Jeden Tag, am Wochenende, ...
Eltern, ich, wir haben einen Kochplan, ...

b) Schreib einen Forumsbeitrag.

AW: AW: AW: AW: Kocht ihr zu Hause?

_____, ___:___
Name: _____
Mitglied seit: _____
Beiträge: _____

Hallo, ich bin dein Kühlschrank!

§$%&/&/§&%$**§$§
$*'##?2§&/&/§(„)(/%
"&!/§(„&/'*"§&"/($`'§
"%&&/(!'+#+#&$*$%
&§/$)(/%()=(„&§/()§($

C1 BESPRECHEN

Schaut das Bild an. Was könnte der Salat sagen? Sammelt Ideen.

C2 LESEN

Notiere.

Name:
Herkunft:
Wohnort:
Besitzer:

Hallo, mein Name ist Salat Grünovitsch! Ich komme aus dem Supermarkt! Na ja, noch früher, da habe ich draußen auf dem Salatfeld gewohnt, das war eine schöne Zeit mit meinen Brüdern und Schwestern …

Aber jetzt wohne ich schon eine Woche in Peters Kühlschrank. Ich sehe Peter jeden Tag, er macht den Kühlschrank auf und holt sich immer was heraus … Morgens Milch und Marmelade, mittags eine Pizza und abends Wurst und Käse (mein Nachbar!). Und ich bin schon eine Woche da und Peter schaut mich nicht einmal an! Eigentlich gefällt es mir hier ganz gut, es ist schön kühl und sauber… Aber ich habe schon Durst und bin soooo müde … Und es riecht auch nicht so gut; mein Nachbar, der Käse, ist ein bisschen komisch …

C3 LESEN

Diese Sätze sind falsch. Korrigiere sie.

1 Salat Grünovitsch kommt von einem Kartoffelfeld.
2 Er hat Peter schon eine Woche nicht mehr gesehen.
3 Peter isst mittags Wurst und Käse.
4 Im Kühlschrank gefällt es Salat Grünovitsch nicht so gut.
5 Er hat Hunger und ist sehr müde.
6 Er findet seinen Nachbarn, den Käse, sehr lustig.

C4 BESPRECHEN

Wie endet die Geschichte? Was passiert am Ende? Sammelt Ideen.

C5 SCHREIBEN

**a) Wählt ein Produkt aus eurem Kühlschrank. Überlegt und sammelt:
Wie heißt es? Woher kommt es?**

Name
Herkunft
Wohnort

b) Was sieht es jeden Tag? Sammelt Ideen.

Besitzer: nie zu Hause/isst nur Kartoffeln/verliebt …
Nachbarn: total anstrengend/verrückt/stinken ☺
…

c) Wie geht die Geschichte weiter? Schreibt eure Geschichte.

Hallo, mein Name ist _____!
Ich komme aus _____
und wohne in _____. Na
ja, noch früher, da habe ich in/auf/…
_____
_____ gewohnt, das war eine
schöne Zeit…
Aber jetzt bin ich schon eine Woche im
Kühlschrank von _____

Spaß beim Lernen ist wichtig – spiel einfach mit der Sprache!

GRAMMATIK

Konjunktiv II von *können* und *haben* für höfliche Fragen, Vorschläge und Wünsche

Höfliche Frage: Könntest du bitte Semmeln mitbringen?
Vorschlag: Wir könnten doch auch Gemüse grillen.
Wunsch: Ich hätte gern noch etwas Süßes.

Konjunktiv II von *können* und *haben*

Infinitiv	können	haben
ich	könnte	hätte
du	könntest	hättest
er/sie	könnte	hätte
wir	könnten	hätten
ihr	könntet	hättet
sie/Sie	könnten	hätten

Indefinitpronomen *etwas, nichts, niemand, jemand, alles*

Meine Schwester hat heute etwas gekocht.
An den anderen Wochentagen müssen meine Schwester und ich nichts kochen.
Von Montag bis Freitag kocht bei uns niemand.
Aber am Wochenende kocht immer jemand.
Nach dem Praktikum im Restaurant kann ich alles kochen.

Hauptsatz mit *außerdem*

Hauptsatz	Hauptsatz mit *außerdem*		
	Position 1	**Position 2**	**...**
Ich bin lange in der Schule,	*außerdem*	*mache*	*ich viel Sport und habe Klavierunterricht.*

WORTSCHATZ

Nomen

maskulin (m)
der Becher, -
der Bescheid, -e
    Bescheid geben
der Erdapfel, ⸗
der Grill, -s
der Liter, -
der Löffel, -
der Nachtisch, nur Sg.
der Paradeiser, -
der Teller, -
der Vorschlag, ⸗e
der Wunsch, ⸗e

neutral (n)
das Besteck, nur Sg.
das Gramm, nur Sg.
    50 Gramm
das Gericht, -e
    das Nudelgericht, -e
das Hähnchen, -
das Kilo(gramm), nur Sg.
das Messer, -
das Mittagessen, -
das Rindfleisch, nur Sg.
das Schweinefleisch, nur Sg.
das Würstchen, -

feminin (f)
die Aprikose, -n
die Gabel, -n
die Gurke, -n

die Kiste, -n
die Marille, -n
die Nudel, -n
die Paprika, -
die Semmel, -n
die Torte, -n

Verben
backen, hat gebacken
besorgen
besprechen, hat besprochen
bitten, hat gebeten
grillen
sich kümmern (um Akk.)
sich melden (bei Dat.)
wählen
weg|fahren, ist weggefah-
    ren

zurück|kommen, ist
    zurückgekommen

Adjektive
fett
österreichisch

Adverbien
nämlich
unterwegs
übermorgen
zu zweit

Pronomen
jemand
nichts
niemand

Das kann ich jetzt!

einen ungefähren Zeitpunkt angeben
Wir grillen bei mir im Garten, so gegen 17 Uhr.

einen Vorschlag machen
Wir könnten doch auch Gemüse grillen!

höflich bitten
Könntest du bitte Brot und Semmeln mitbringen?

Wünsche ausdrücken
Ich hätte gern noch etwas Süßes.

eine Notwendigkeit ausdrücken
Soll ich Besteck kaufen?

gemeinsames Wissen andeuten
Ihr wisst ja alle, die Austauschschüler kommen am Donnerstag an.
Wie besprochen organisieren wir eine Party.

Zweck/Bestimmung angeben
Wir brauchen noch Salate!

Zahlen/Maße angeben
ein Kilo(gramm) Erdäpfel/ein paar Paprika
Ich kann nichts/etwas/alles kochen.

Lernen lernen

Vor dem Hören: Überleg und lies in der Aufgabe: Welche Informationen brauchst du?   → A2
Beim Sprechen: Achte auf den Inhalt! Es ist kein Problem, wenn du nicht alles richtig sagst!   → A8
Spaß beim Lernen ist wichtig – spiel einfach mit der Sprache!   → C5

28 Stadt – Land

A Landei oder Stadtkind?

A Kaffee und Kuchen zum Mitnehmen

 A1 BESPRECHEN

**Schaut die Fotos an. Lest die Bildunterschriften.
Was versteht ihr? Erklärt. Welche Fotos gefallen euch?
Warum? Was bedeutet: Stadtkind, Landei?**

 A2 WORTSCHATZ

Komparativ (++)	
Wo wohnen die Leute schöner?	
(+)	**(++)**
schön	schöner
hart	härter
⚠ gut	besser
gern	lieber
viel	mehr

a) Ordnet die Fotos den Fragen zu.

C Unikneipe

		Stadt	Land
1	Wo arbeiten die Leute härter?	H	B
2	Wo kann man mehr Spaß haben?	☐	☐
3	Wo schmeckt es besser?	☐	☐
4	Wo wohnen die Leute schöner?	☐	☐

**b) Beantwortet die Fragen in a).
Stadt oder Land?
Macht eine Abstimmung in der Klasse.**

E Omas Apfelkuchen

 A3 HÖREN

2/2

Teil 1: Was ist richtig? Kreuze an.

1 ⊡a⊡ Stefanie
   ⊡b⊡ Angela   wohnt auf dem Land.

2 Spielregeln:
   ⊡a⊡ 30 Fragen, 10 Sekunden Zeit für die Antwort
   ⊡b⊡ 10 Fragen, 30 Sekunden Zeit für die Antwort

G Wohngemeinschaft mit Freunden

 A4 HÖREN

2/3

Teil 2: Ordne zu.

1 Oma, Opa und Enkel –
2 Auf dem Land gibt es viel Platz
3 Ich wohne in einer Wohngemeinschaft mit Freunden.
4 Wir leben hier wie im Paradies.
5 Das Obst kommt aus dem Garten
6 Auf dem Land haben die Leute
7 In der Stadt brauchen die Leute
8 Bei uns ist immer etwas los
9 Wir haben viele Ideen

⊡a⊡ und die Leute backen noch selbst.
⊡b⊡ und wir haben ein großes Angebot.
⊡c⊡ alle wohnen auf einem Hof.
⊡d⊡ Es gibt Restaurants, Bäckereien und Espresso-Bars.
⊡e⊡ Wir sind wie eine Familie.
⊡f⊡ keine Angst vor Schmutz und Schmerzen.
⊡g⊡ und die Getränke sind billiger.
⊡h⊡ und Felder und grüne Wiesen.
⊡i⊡ gute Nerven und Kondition.

B Handarbeit

D Hofgemeinschaft mit der Familie

A5 GRAMMATIK

Als oder wie? Ergänze.

1 Stefanie: *Die Luft ist so klar _____ die Antwort:*
Auf dem Land wohnen die Leute schöner _____ in der Stadt.

2 Angela: *Die Leute in der Stadt arbeiten genauso hart _____ auf dem Land.*

3 Angela: *In der Stadt ist immer etwas los und das Angebot ist auch viel größer _____ auf dem Land!*

4 Stefanie: *Auf dem Land ist das Angebot vielleicht nicht so groß _____ in der Stadt. Aber die Leute feiern genauso oft _____ in der Stadt.*

> Vergleiche mit *als* und *wie*
> größer als ... (≠)
> (genau)so schön wie (=)
> Auf dem Land wohnen die Leute schöner als in der Stadt.
> Die Luft ist so klar wie die Antwort.

A6 BESPRECHEN

Vergleiche mit *als* und *wie*: Übersetzt und vergleicht.
Was ist ähnlich, was ist anders?

1 *Auf dem Land wohnen die Leute schöner als in der Stadt.*
2 *Die Leute in der Stadt arbeiten genauso hart wie auf dem Land.*

A7 GRAMMATIK

Die Hörer haben ins „Top oder Flop"-Gästebuch geschrieben.
Ergänze den Komparativ mit *als* oder den Vergleich mit *wie*.

1 4.7. 20:11

Ich habe ein Jahr lang in der Stadt gewohnt. Das war mir zu stressig: zu viele Autos, zu viele Leute. Ich lebe [a] _lieber_ *(gern)* auf dem Land, weil ich da [b] _mehr_ *(viel)* Ruhe habe _als_ in der Stadt. Meine Wohnung hier auf dem Land ist auch viel [c] _____ *(groß)* und [d] _____ *(billig)*. Und die frische Kuhmilch vom Nachbarn schmeckt mir [e] _____ *(gut)* _____ Cola. ☺
Kati

2 5.7. 16:39

Auf dem Land ist es [a] _____ *(ruhig)* _____ in der Stadt, das ist klar. Aber es ist auch [b] _____ *(langweilig)*. Auf dem Land ist es für mich einfach nicht so [c] _____ *(spannend)* _____ in der Stadt. Und ich finde, die Leute sind auch nicht so [d] _____ *(tolerant)* _____ in der Stadt.
Daniel

F Maisfeldparty

H Kopfarbeit

A8 SCHREIBEN

Schreib deine Meinung in das „Top oder Flop"-Gästebuch: Was findest du besser:
das Leben in der Stadt oder das Leben auf dem Land? Begründe.

Ich finde das Leben auf dem Land ...

> Ich finde ... interessanter/langweiliger als ...
> Ich ... gern ... Deshalb ...
> Ich mag lieber ...
> Ich möchte lieber ..., weil/denn ...

WIR PROVINZKINDER

Zwei Drittel (²/₃) der Deutschen leben in der Provinz und in Städten mit weniger als 100.000 Einwohnern. Das bedeutet: Viele Jugendliche wachsen auf dem Land, in Dörfern und Kleinstädten, auf. Wie leben sie dort? Drei Jugendliche berichten.

5 **Diana, 17, wohnt in Argenbühl im Allgäu. Der Ort hat ca. 8000 Einwohner.**
Ich fahre jeden Tag eine halbe Stunde mit dem Fahrrad nach Wangen. Das
10 ist eine Stadt, 13 km von Argenbühl entfernt. Dort mache ich eine Ausbildung zur Bürokauffrau.
Nach der Arbeit gehe ich am liebsten reiten. Mit dem Reiten habe ich
15 schon angefangen, da war ich noch ganz klein, denn unser Nachbar hat mehrere Pferde und Ponys. Ich reite fast jeden Nachmittag mit meinen Freundinnen aus. Das ist herrlich.
20 Und wir müssen nicht viel dafür bezahlen, weil wir uns auch um die Tiere kümmern.
Am Abend ist es hier in Argenbühl am langweiligsten. Es ist nichts los.
25 Zum Glück hat meine Freundin schon einen Führerschein, so können wir am Wochenende nach Wangen fahren. Dort gibt es Diskotheken. Die sind ganz in Ordnung.

30 **Matthias, 16, wohnt in Osterwied im Harz, einem Ort mit ca. 4000 Einwohnern.**
Ich bin Lehrling in einer Autowerkstatt. Die Lehrstelle habe ich im Mu-
35 sikverein gefunden. Mein Chef spielt Posaune und ich spiele Flöte. Meine Arbeit beginnt um sieben Uhr. In der Mittagspause gehe ich immer nach Hause. Dort hat meine Mutter schon
40 das Mittagessen vorbereitet – zu Hause schmeckt es eben am besten! Nachmittags arbeite ich dann weiter und am Abend sehe ich oft fern. In der Woche gehe ich nicht aus,
45 ich muss ja morgens immer sehr früh aufstehen. Dafür schlafe ich am Wochenende immer so richtig aus.
Ich bin glücklich in Osterwied. Hier sind meine Freunde und meine Fami-
50 lie. Ich liebe auch meinen Job. Sogar am Wochenende bastle ich oft mit meinen Freunden an den Autos. Ein eigenes Auto – das wünsche ich mir am meisten! Dafür spare ich schon.

55 **Gerald, 16, wohnt in Hörsten in Schleswig-Holstein. Im Dorf wohnen 98 Einwohner.**
Ich besuche das Gymnasium in Rendsburg. In unserem Dorf gibt es
60 kein Gymnasium. Deshalb muss ich täglich 11 km bis nach Rendsburg fahren.
In meiner Freizeit spiele ich in einem Nachbarort von Hörsten Fußball.
65 Montags und mittwochs ist Training und am Wochenende sind dann die Spiele. Einmal habe ich mich verletzt und konnte zwei Wochen nicht trainieren. Das war hart, aber am
70 schlimmsten war, dass ich in dieser Zeit meine Freunde vom Fußball nicht sehen konnte. Wir haben da nämlich ein altes Haus nur für uns: mit einem Sofa, ziemlich alt, aber
75 o.k., einer Musikanlage und einem Fernseher. Dort spielen wir nach dem Training Karten, faulenzen oder schauen uns manchmal eine DVD an. An den anderen Tagen sitze ich
80 abends oft am Computer und chatte mit meinen Freunden aus der Schule. Die wohnen ja alle weiter weg.

B1 BESPRECHEN

Lest den Titel und die Zeilen 1 bis 4. Schaut die Fotos an und lest die Bildunterschriften.
Was meint ihr? Was bedeutet „Provinzkinder"? Was steht im Text? Sammelt Ideen.

B2 LESEN

Wer ist das? Notiere: D (Diana), M (Matthias) und G (Gerald).

1 ☐ möchte Bürokauffrau werden.
2 ☐ macht eine Ausbildung zum Automechaniker.
3 ☐ ist noch Schüler.
4 ☐ fährt mit dem Fahrrad in die Arbeit.

5 ☐ kümmert sich um Pferde und Ponys.
6 ☐ fährt am Wochenende mit ihrer Freundin in die Disco.
7 ☐ spielt im Musikverein Flöte.
8 ☐ spielt montags und mittwochs im Nachbarort Fußball.
9 ☐ sieht abends oft fern.
10 ☐ trifft sich mit Freunden in einem alten Haus.
11 ☐ repariert mit Freunden am Wochenende Autos.
12 ☐ chattet abends oft mit Freunden.

Wann?
montags = jeden Montag
auch so: Dienstag, Mittwoch ...
abends = am Abend
auch so: Vormittag, Mittag ...

B3 GRAMMATIK

Markiere die Antworten im Text und ergänze in Stichwörtern.

1 Was macht Diana am liebsten? _Reiten_

2 Wann ist es in Argenbühl am langweiligsten?

3 Wo schmeckt es Matthias am besten?

4 Was wünscht sich Matthias am meisten?

5 Was war für Gerald am schlimmsten?

> Superlativ (+++)
> Diana reitet am liebsten.
> langweilig – langweiliger – am langweiligsten
> schlimm – schlimmer – am schlimmsten
> ⚠ gut – besser – am besten
> gern – lieber – am liebsten
> viel – mehr – am meisten

Lern die Komparativ- und Superlativformen zusammen.
Lern die Ausnahmen auswendig, z.B.: gut – besser – am besten.

B4 GRAMMATIK

Ergänze den Superlativ in den Leserbriefen.

1 Ihren Artikel finde ich super interessant. Leider sind aber nicht alle Jugendlichen auf dem Land so glücklich. ☹ Mir gefällt es in Ducherow gar nicht. _____ (schlimm), finde ich, dass alle meine Freunde wegziehen.
Petra (14), aus Ducherow

2 Ich habe mein Heimatdorf verlassen, jetzt studiere ich in Freiburg. In den Ferien gehe ich immer noch gern in den „Forellenkeller", das ist unsere Disco. Die Abende dort gefallen mir immer noch _____ (gut).
Markus (20), aus Röppisch

3 Ich möchte nicht aus meinem Dorf weggehen. Ich liebe die Natur und die Landschaft rund um Schmorsdorf. _____ (gern) gehe ich stundenlang mit meinem Hund spazieren.
Sonja (16), aus Schmorsdorf

B5 AUSSPRACHE

/4

Satzakzent bei Gegensätzen: Hör, markiere und sprich nach.

1 ■ Fährt Diana am Wochenende allein nach Frankfurt?
● Nein, sie fährt mit ihrer Freundin.

2 ■ Fährt Diana am Wochenende allein nach Frankfurt?
● Nein, sie fährt am Dienstag.

3 ■ Fährt Diana am Wochenende allein nach Frankfurt?
● Nein, sie fährt nach Wangen.

Der Akzent liegt immer auf den Gegensätzen.

B6 SPRECHEN

Macht ein Interview der Superlative.

a) **Fragt euren Partner/eure Partnerin. Schreibt möglichst viele Fragen.**

> Was isst du am liebsten?
> Was machst du am liebsten am Wochenende?

b) **Notiert die Antworten auf einem anderen Zettel.**

> Isst am liebsten Dönerkebap.
> Schläft am Wochenende am liebsten aus.

c) **Mischt alle Zettel mit den Antworten. Ratet: Wer ist das?**

C1 BESPRECHEN

Schaut die Fotos an. Was meint ihr: Wer wohnt da? Warum? Was gefällt euch? Was gefällt euch nicht?

A

B

C

C2 LESEN

Texte und Fotos: Ordne zu.

1 ☐   2 ☐   3 ☐

❶ In vielen Uni-Städten finden die Studenten nur sehr schwer Wohnungen und Zimmer. Gleichzeitig gibt es jedoch viele leere Fabriken. Zwei junge Architekten aus Stuttgart haben in ihrer Diplomarbeit nach einer Lösung gesucht. Students-Loft, so heißt ihre neue Wohnidee.

Ein Student-Loft sieht aus wie eine „Box", ist 20 qm groß, enthält ein Bett, Schubladen für Kleider und
5 Papiere, und einen Computerarbeitsplatz. Diese „Boxen" kann man nebeneinander in leeren Fabriken aufstellen – so die Idee von Sven Becker und Michael Sauter. Zusammen mit Boxen für alle, z.B. einer Küche, einer Leseecke, einem Internetpool oder einer Fitnesszone entsteht in den Hallen eine ganze „Boxenlandschaft". Die beiden Architekten haben für ihre Diplomarbeit die Note1 bekommen.

❷ Immer mehr Menschen wollen in einem eigenen Haus wohnen, doch es gibt immer weniger Platz dafür.
10 „Einfamilienhäuser stapeln*" oder „Pile Up" auf Englisch – das ist die Lösung eines Schweizer Architekten. Das Wohnkonzept von Hans Zwimpfer verbindet den Traum von einem eigenen Haus mit einer modernen Stadtwohnung. Wie? In einem Pile-Up-Gebäude liegen alle Räume einer Wohnung auf einer Etage, sind aber unterschiedlich hoch: Manche Zimmer haben eine Höhe von 5,60 m und geben deshalb auch den anderen Räumen viel Licht. Genug Platz gibt es auch: Alle Wohnungen sind zwischen 80 und 180 qm groß. In Rheinfelden in der
15 Schweiz kann man schon in einem Pile-Up-Haus wohnen.

*stapeln =

❸ Der Verkehr in den Städten nimmt immer mehr zu. Gerade für Familien mit Kindern bringt das viele Probleme mit sich. „Wohnen ohne Auto" ist deshalb der Wunsch von immer mehr Menschen in der Stadt, insbesondere von Familien. Im Stadtteil Nippes in Köln z.B. ist dies möglich. Dort haben Bürger, Stadt und Architekten zusammen geplant und ein autofreies Viertel geschaffen. Schulen, Kindergärten, Spielplätze, Geschäfte und Büros sind in der Nähe der Wohnhäuser. Die Innenstadt
20 kann man mit Bus oder Bahn oder mit dem Fahrrad gut erreichen. Ein Auto ist also nicht mehr notwendig. Heute wohnen im Nippes-Viertel ca. 1400 Menschen, ein Drittel ($^1/_3$) davon sind Kinder und Jugendliche. Mittlerweile gibt es auch in anderen Städten in Deutschland, Österreich und den Niederlanden autofreie Wohnviertel.

C3 LESEN

Beantworte die Fragen.

1 Was war oder ist das Problem?
2 Was ist die Lösung?
3 Wie heißt die Idee und wer hatte sie?

C4 SCHREIBEN

Wo und wie möchtest du später wohnen? Begründe.

In der Stadt oder auf dem Land?
In einer Wohnung oder in einem Haus?
Allein oder mit anderen zusammen?
Was soll es in der Nähe geben?

GRAMMATIK

Komparation

Positiv (+)	Komparativ (++)	Superlativ (+++)
schön	schöner	am schönsten
interessant	interessanter	am interessantesten -d/-t + esten
groß	größer	am größten
hart	härter	am härtesten
gesund	gesünder	am gesündesten
gut	besser	am besten
gern	lieber	am liebsten
viel	mehr	am meisten

Vergleiche mit *als* und *wie*

größer als:
Das Freizeitangebot in der Stadt ist größer als auf dem Land.

(genau)so oft wie:
Die Leute auf dem Land feiern genauso oft wie in der Stadt.

WORTSCHATZ

Nomen
maskulin (m)
der Deutsche, -n
der Einwohner, -
der Führerschein, -e
der Hof, ⸚e
der Lehrling, -e
der Mais, nur Sg.
der Nerv, -en
der Schmutz, nur Sg.
der Vergleich, -e

neutral (n)
das Angebot, -e
das Feld, -er
das Land, *hier:* nur Sg.
    auf dem Land
das Paradies, -e
das Pony, -s
das Sofa, -s

feminin (f)
die Angst, ⸚e
    Angst haben (vor Dat.)
die Bäckerei, -en
die Bar, -s
die Diskothek, -en
die Flöte, -n
die Handarbeit, -en
die Hofgemeinschaft, -en
die Kleinstadt, ⸚e
die Kuh, ⸚e
    die Kuhmilch, nur Sg.
die Landschaft, -en
die Lehrstelle, -n
die Musikanlage, -n
die Posaune, -n
die Wiese, -n
die Wohngemeinschaft, -en

Verben
auf|wachsen, ist aufge-
    wachsen
aus|reiten, ist ausgeritten
aus|schlafen, hat ausge-
    schlafen
beginnen, hat begonnen
berichten
sich erinnern (an Akk.)
faulenzen
mit|nehmen, hat mitge-
    nommen
    Kaffee zum Mitnehmen
vergleichen, hat verglichen
weg|gehen, ist weggegan-
    gen
wegziehen, ist weggezo-
    gen
sich wünschen

Adjektive
entfernt
frisch
hart
herrlich
klar
    klare Luft
ruhig
stundenlang
täglich
tolerant

Adverbien
montags, dienstags, ...
morgens, mittags, ...
weiter

Das kann ich jetzt!

zum Sprechen auffordern
Stefanie, fängst du vielleicht an?

etwas vergleichen
Auf dem Land wohnen die Leute schöner als in der Stadt.
In der Stadt arbeiten die Leute genauso hart wie auf dem Land.

Zufriedenheit/Unzufriedenheit ausdrücken
Ich möchte nicht aus meinem Dorf weggehen.
Ich liebe die Natur.
Mir gefällt es in Ducherow gar nicht.

Vorlieben äußern
Ich lebe lieber auf dem Land, weil ich da mehr Ruhe als in der Stadt habe.
Ich esse am liebsten Dönerkebap.

einen Ort angeben
Gerald wohnt in Hörsten, das ist in Schleswig-Holstein.

Häufigkeit ausdrücken
Ich muss morgens immer sehr früh aufstehen.
Ich reite fast jeden Nachmittag mit meinen Freundinnen aus.
Abends bin ich oft am Computer und chatte.

Lernen lernen

Lern die Komparativ- und Superlativformen zusammen. Lern die Ausnahmen
auswendig, z.B.: *gut – besser – am besten.*   → B3
Der Akzent liegt immer auf den Gegensätzen.   → B5

29 Umwelt

A Klima extrem!

A Minusgrade in Südspanien

B Hochsommer im Herbst in Nordgriechenland

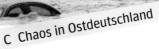

C Chaos in Ostdeutschland

D „Kyrill" in Österreich

A1 BESPRECHEN

Schaut die Fotos an: Wie heißen die Katastrophen?
Habt ihr sie schon einmal erlebt?
Was sind die Konsequenzen?

A2 WORTSCHATZ

Katastrophen und Fotos: Ordnet zu.

Foto

1 das Hochwasser ☐

2 die extreme Hitze ☐

3 der Orkan ☐

4 der Schneesturm ☐

A3 HÖREN

2/5-9

Du hörst vier Nachrichten: Ordne die Fotos zu.

Nachricht   Fotos

1   ☐ ☐

2   ☐ ☐

3   ☐ ☐

4   ☐ ☐

A

Obst und Gemüse werden teurer.

B

Die Flugzeuge haben Verspätung.

C

Bäume liegen auf den Straßen.

D

Es hat Unfälle auf der Autobahn gegeben.

E

Viele Schulen bleiben geschlossen.

F

Es gibt keinen Strom.

G
Der Boden ist sehr trocken.

H

Die Züge fahren nicht.

Komparativ
⚠ teuer - teurer

A4 WORTSCHATZ

Ein Jahr später: Schaut euch die Wetterkarten an. Wie ist das Wetter? Was ist anders? Bildet Sätze.

Ostdeutschland 32°

Südspanien 9°

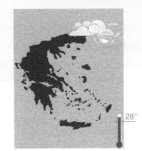
Nordgriechenland 28°

Österreich -4°

In Ostdeutschland scheint ein Jahr später die Sonne!

die Temperatur
Es ist warm/heiß/
kühl/kalt.

die Sonne
Die Sonne scheint.
Es ist trocken.

der Regen
Es regnet.
Es ist nass.

der Schnee
Es schneit.

der Wind
Der Wind
weht stark.

Pronomen *es*
Es regnet/schneit/...
Es ist kalt/kühl/...

A5 BESPRECHEN

Wetter: Übersetzt und vergleicht. Was ist ähnlich, was ist anders?

1 *Es ist warm/heiß/kühl/kalt.*   3 *Es ist trocken/nass.*   5 *Der Wind weht stark.*

2 *Die Sonne scheint.*   4 *Es regnet/schneit.*

*Denk dran: Nicht immer kann man Sätze
Wort für Wort übersetzen!*

A6 SPRECHEN

Wie ist das Wetter in ...? Fragt euren Partner/eure Partnerin und notiert die Wettersymbole.

A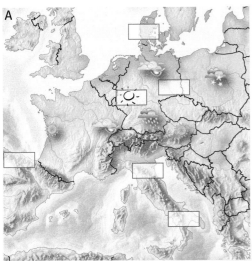

B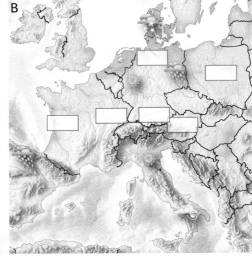

der Norden
der Westen ◄──►der Osten
der Süden

Wo?
im Westen von Deutschland
= in Westdeutschland
im Osten von Deutschland
= in Ostdeutschland

A *Wie ist das Wetter in Westdeutschland?*
B *Die Sonne scheint.*

*Hast du etwas nicht verstanden? Frag nach. Diese Sätze helfen:
Noch einmal bitte!/Wie bitte?/Kannst du das noch einmal sagen?
Noch einmal: Wie?/Wo?*

29 B Grüne Tipps

Jedes Jahr am 5. Juni feiert man in vielen Ländern den internationalen „Umwelttag". Mit diesem Tag wollen Umweltfreunde andere Menschen für den Umweltschutz sensibilisieren. Dieses Jahr hat auch die Hötting-Schule in Innsbruck mitgemacht! Die Schüler der Umwelt-AG haben verschiedene Poster mit Tipps für den Umweltschutz vorbereitet und sie in ihrer Schule präsentiert. Die Poster zeigen wir euch hier …

B1 BESPRECHEN

Schaut die Meldung und die Poster an:
Was ist der Umwelttag? Und was sind grüne Tipps?
Bildet Hypothesen.

B2 LESEN

a) Meldung: Beantworte die Fragen.

1 Wann ist der internationale Umwelttag?
2 Warum gibt es den internationalen Umwelttag?
3 Was haben die Schüler der Umwelt-AG der Hötting-Schule gemacht?

b) Poster: Was sind die Themen? Kreuze an.

a	Ferien	e	Heizung
b	Kleidung	f	Strom
c	Wasser	g	Reisen
d	Einkaufen	h	Müll

B3 LESEN

Poster: Was ist besser für die Umwelt? Warum?
Kreuze an und begründe.

1 a den Computer ausschalten   b den Computer in den Stand-by-Modus schalten

Auch im Stand-by-Modus verbrauchen Computer Strom.

2 a Glühbirnen benutzen   b Energiesparlampen benutzen
3 a exotisches Obst kaufen   b Obst aus der Region kaufen
4 a den Müll trennen   b den Müll in einer Tonne sammeln
5 a die Heizung in allen Zimmern hochdrehen   b die Heizung in einigen Zimmern runterdrehen
6 a duschen   b baden

1

Schalten Sie mich bitte aus!

Ist die Lampe bei Ihrem Computer noch rot?
ACHTUNG!
Auch im Stand-by-Modus verbrauchen Computer Strom!

2

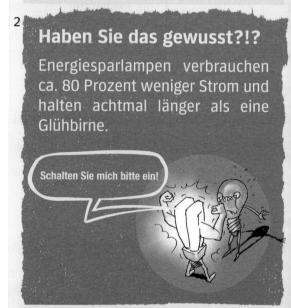

Haben Sie das gewusst?!?
Energiesparlampen verbrauchen ca. 80 Prozent weniger Strom und halten achtmal länger als eine Glühbirne.

Schalten Sie mich bitte ein!

3

Muss es EXOTISCH sein?!
Exotisches Obst kommt von weit her und man muss es mit dem Flugzeug oder mit dem Schiff transportieren. Das ist für die Umwelt sehr schlecht! Kaufen Sie deshalb lieber Obst aus der Region!

NEUSEELAND   TIROL

Mülltrennung, aber RICHTIG!

Müll kann man recyceln, dafür müssen Sie ihn richtig trennen! Verpackungen, Glasflaschen, Papier, Obst- und Gemüseabfälle oder Batterien gehören nicht zusammen! Helfen Sie mit!

Mit einem Grad weniger verbrauchen Sie 6 Prozent weniger Strom!!! Drehen Sie die Heizung im Gästezimmer oder im Flur runter. Diese Räume müssen nicht so warm sein.

140 oder 85 Liter???

Für ein Bad in der Badewanne braucht man ca.140 Liter Wasser, duscht man 5 Minuten, fließen nur 85 Liter! Sparen Sie Wasser! Die Umwelt sagt DANKE!

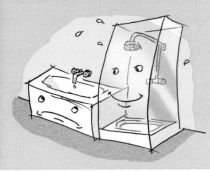

B4 GRAMMATIK

Was passt zusammen? Ordne zu.

1 Wenn Computer im Stand-by-Modus sind,

2 Man spart ca. 80 Prozent Strom,
3 Wenn das Obst aus der Region kommt,
4 Man kann Müll recyceln,

5 Man spart 6 Prozent Strom,

6 Man kann Wasser sparen,

a wenn man die Heizung um einen Grad runterdreht.
b (dann) verbrauchen sie Strom!
c wenn man ihn richtig trennt!
d wenn man duscht und nicht badet.
e wenn man Energiesparlampen benutzt.
f (dann) ist der Transportweg kürzer!

> Nebensatz mit *wenn*
> Wenn Computer im Stand-by-Modus sind, (dann) verbrauchen sie Strom.

B5 GRAMMATIK

a) Ergänze und vergleiche die Sätze: Was ist anders?

Hauptsatz	Nebensatz mit *wenn*
Computer verbrauchen Strom,	wenn sie im Stand-by-Modus sind.

Nebensatz mit *wenn*	Hauptsatz
Wenn Computer im Stand-by-Modus sind,	_____ .

b) Kreuze an.

Meine Regel	Nebensatz **vor** dem Hauptsatz: → Verb im Hauptsatz: ☐ **Position 1** ☐ **Position 2**

B6 AUSSPRACHE

2/10

Satzmelodie: Hör die Sätze aus B4 und sprich nach.

1 Wenn Computer im Stand-by-Modus sind ⟶, dann verbrauchen sie Strom ↘!
2 ...

> *Lern einen Beispielsatz auswendig! So merkst du dir die Satzmelodie und die Reihenfolge im wenn-Satz besser!*

B7 GRAMMATIK

Was könnt ihr in diesen Situationen für die Umwelt tun? Ergänzt.

1 Wenn ich Sachen nicht mehr brauche, (dann) ...
2 ... gebe ich sie in der Apotheke ab.
3 Wenn ich das Fenster öffne, ...
4 Wenn die Busfahrer streiken, ...

> die Heizung ausschalten
> auf dem Flohmarkt verkaufen
> die Medikamente nicht mehr brauchen
> mit dem Fahrrad fahren

B8 SCHREIBEN

Notiert andere Tipps.

> Klamotten brauchen – in einen Secondhandladen gehen
> Urlaub am Meer machen – mit dem Zug fahren

C1 BESPRECHEN

Schaut die Bilder an: Was ist das Thema?
Bildet Hypothesen.

C2 LESEN

a) **Bilder und Strophen: Ordne zu.**
b) **Wie ist die Reihenfolge der Strophen?**
Bilde Hypothesen.

C3 HÖREN

2/11

Strophen: Wie ist die richtige Reihenfolge?
Notiere und vergleiche mit C2b).

Und im Zoo da sitzt ein Bär … ☐

Und am Nordpol sitzt ein Bär … ☐

Irgendwo in Deutschland sitzt ein Mann … ☐

C4 BESPRECHEN

Was bedeutet der Satz „Diese Welt ist nur geliehen"?

C5 SCHREIBEN

Macht Poster zum Lied „Eisbär".
a) **Sammelt Fotos und weitere Informationen über die Situation der Eisbären in der Bibliothek oder im Internet.**
b) **Formuliert Tipps für den Umweltschutz. Hängt die Poster in eurer Schule auf.**

Bild ☐

Und im Zoo da sitzt ein Bär
der schaut den Leuten hinterher
er denkt nicht viel und doch
schießt es ihm manchmal durch den Kopf | es schießt ihm durch den Kopf = er denkt

Dass die Welt viel schöner wär
mit etwas Eis und Blick aufs Meer
Ist es so schwer das zu verstehen?
Diese Welt ist nur geliehen | ist geliehen = gehört uns nicht

Refrain

Bild ☐

Irgendwo in Deutschland sitzt ein Mann
in seinem Super-Multi-Van
Er steht seit Stunden schon im Stau | Stau = Verkehr
warum weiß er nicht so genau

Er denkt nicht viel, doch ab und zu | ab und zu = manchmal
stellt er sich vor wie es wohl wär | er stellt sich vor = er denkt
wäre er ein großer wilder Bär
weit draußen am Polar

Refrain

Bild ☐

Und am Nordpol sitzt ein Bär
der hinausschaut auf das Meer | auf das Meer hinausschauen = das Meer ansehen
früher war hier einmal Eis
doch jetzt ist es viel zu heiß

Er weiß nicht, was er machen soll
er fühlt sich einsam und er fragt
ob es vielleicht irgendwo
einen Zoo gibt, der ihn mag

Refrain

Refrain
Eisbären Eisbären
Rettet die Eisbären
…
Sie brauchen das Eis
um glücklich zu sein
Sie brauchen das Eis
es ist viel zu heiß
Sie brauchen das Eis

GRAMMATIK

Pronomen *es*
Es schneit. Es regnet. Es ist kalt. Es ist warm.

Temporaler Nebensatz mit *wenn*

Hauptsatz			Nebensatz mit *wenn*		
Position 1	Position 2	...	Position 1	...	am Ende
Computer	*verbrauchen*	*Strom,*	*wenn*	*sie im Stand-by-Modus*	*sind.*

Nebensatz vor Hauptsatz

Nebensatz mit *wenn*			Hauptsatz		
Position 1	...	am Ende	Position 1	Position 2	...
Wenn	*Computer im Stand-by-Modus*	*sind,*	*(dann) verbrauchen*	*sie*	*Strom.*

WORTSCHATZ

Nomen

maskulin (m)
der Abfall, ⸚e
   Obst- und Gemüse-
   abfälle
der Baum, ⸚e
der Boden, ⸚
der Fahrer, -
   der Busfahrer, -
der Grad, -e
der Müll, nur Sg.
der Norden, nur Sg.
der Osten, nur Sg.
der Schnee, nur Sg.
der Schutz, nur Sg.
   der Umweltschutz
der Strom, *hier:* nur Sg.
der Sturm, ⸚e
der Süden, nur Sg.
der Transport, -e
   der Transportweg, -e

der Urlaub, nur Sg.
der Westen, nur Sg.
der Wind, -e

neutral (n)
das Klima, -ta
das Meer, -e
das Papier, *hier:* nur Sg.
das Prozent, -e

feminin (f)
die Autobahn, -en
die Badewanne, -n
die Batterie, -n
die Birne, -n
   die Glühbirne, -n
die Energie, -n
   die Energiesparlampe, -n
die Heizung, -en
die Hitze, nur Sg.
die Katastrophe, -n

die Konsequenz, -en
die Region, -en
die Temperatur, -en
die Tonne, -n
   die Mülltonne, -n
die Umwelt, nur Sg.
die Verpackung, -en
die Verspätung, -en

Verben
ab|geben, hat abgege-
   ben
aus|schalten
benutzen
drehen
   hoch- und runterdre-
   hen
ein|schalten
fließen, ist geflossen
halten, hat gehalten
   Energiesparlampen
   halten länger.

mit|helfen, hat mitgeholfen
öffnen
schalten
schließen, hat geschlossen
schneien
streiken
transportieren
trennen
verbrauchen
verkaufen

Adjektive
extrem
kühl
nass
stark
trocken

Adverbien
minus
   die Minusgrade, nur Pl.

Das kann ich jetzt!

das Wetter beschreiben
Es ist kalt. Es schneit. Der Wind weht stark.

Angaben über einen Ort machen
In Ostdeutschland regnet es.
In Nordgriechenland ist es heiß.

jemanden warnen
Achtung! Auch im Stand-by-Modus verbrauchen Computer Strom!

eine Situation erklären
Man kann Wasser sparen, wenn man duscht und nicht badet.

Lernen lernen

Denk dran: Nicht immer kann man Sätze Wort für Wort übersetzen!   → A5
Hast du etwas nicht verstanden? Frag nach.   → A6
Lern einen Beispielsatz auswendig! So merkst du dir die Satzmelodie und die Reihenfolge
im *wenn*-Satz besser!   → B6

A Zoos: Ja oder Nein?

A1 BESPRECHEN

Schaut die Fotos an und lest die Einleitung: Seid ihr für oder gegen Zoos? Warum?

A2 LESEN

Abschnitte und Themen: Ordne zu.

Abschnitte

1   a   Sich über Tiere informieren
2   b   Wie die Tiere im Zoo leben
3   c   Wie Zoos Tiere (nicht) schützen

Zoos: Ja oder Nein?

Allein in der Europäischen Union gibt es mindestens tausend Zoos mit über 1 Million Tiere. Gerade in Großstädten sind Ausflüge in den Zoo sehr beliebt. Aber sind Zoos gut für die Tiere? Wir haben zwei Tierfreunde gefragt. „Zoos: Ja oder Nein?" *Von S. Böhm*

Mira Fischer, 15, aus Wien

❶ 5 Ich sage **JA**! Zoos sind für die Tiere ein Zuhause! Sie können dort zufrieden leben: Die Tierpfleger sorgen für sie; das Futter ist immer frisch und gesund und die Tierärzte untersuchen die Tiere regelmäßig. Der Kontakt zwischen Mensch und Tier ist im Zoo
10 sehr gut. Aber nicht nur das: Auch die Zoo-Landschaft ist sehr natürlich, denn es gibt überall Bäume, Pflanzen, Wasser usw.

❷ Aber die Zoos haben auch andere Aufgaben: Sie züchten sehr erfolgreich Tiere und können so viele
15 Tierarten schützen. Außerdem bereiten sie Tiere auf das Leben in der freien Natur vor. Sie sollen später wieder frei leben können. Beispiele sind der Große Panda, der Gorilla oder der Tiger. Sie sind noch selten, aber es gibt wieder mehr Exemplare als früher.

❸ 20 Bücher und Filme über Tiere sind sicherlich interessant. Aber ein Zoo-Besuch ist viel spannender! Hier können sich die Besucher „live" über die Tiere und ihre natürlichen Lebensräume informieren.

Frank Hammer, 16, aus Linz

❶ 25 Ich sage **NEIN**! Für die Tiere ist der Zoo ein Gefängnis. Die Tiere können nicht wandern oder jagen – der Zoo ist klein bzw. die Gehege sind viel zu eng. Außerdem ist es manchmal sehr laut im Zoo, gerade bei den Veranstaltungen für die Besucher. Und für
30 viele Tiere ist auch das Klima ein Problem, weil sie im Winter drinnen bleiben müssen. Das Leben im Zoo ist für die Tiere sehr langweilig, deshalb sind sie oft frustriert und werden aggressiv.

❷ Zoos züchten Tiere und wollen, dass diese Tiere
35 dann wieder in Freiheit leben können. Aber das ist für Zootiere nicht so leicht. Wie können sie jagen und nach Nahrung suchen? Sie sind nicht so stark und schnell wie die Wildtiere, denn im Zoo stehen oder liegen sie oft nur. Deshalb denke ich nicht,
40 dass Zoos Tiere wirklich schützen.

❸ Natürlich kann man im Zoo Tiere sehen, aber in den Tierfilmen sieht man die Tiere in ihren natürlichen Lebensräumen. Das ist viel besser. Außerdem stört man die Tiere nicht.

A3 LESEN

Diese Sätze sind falsch. Korrigiere sie.

Mira

1 Niemand sorgt für die Tiere. Das Futter ist alt und die Zoo-Landschaft ist nicht so schön.
2 Die Zoos züchten und schützen keine Tierarten. Die Zootiere sollen immer im Zoo bleiben. Es gibt also immer weniger seltene Tiere.
3 Ein Zoo-Besuch ist langweilig. Bücher und Filme sind interessanter.

Frank

1 Die Gehege im Zoo sind groß und die Veranstaltungen sind interessant. Das Klima ist auch sehr gut, die Tiere können immer draußen sein und sind zufrieden!
2 Zootiere sind wie Wildtiere. Die Zootiere können jagen und nach Nahrung suchen.
3 In den Tierfilmen sind die Tiere anders, weil man sie stört.

Markiere Schlüsselwörter in den Aufgaben!
Dann suche diese Wörter im Text!

A4 GRAMMATIK

a) Was denken Mira und Frank? Ordne zu und ergänze.

Mira: Das ist meiner Meinung nach gut am Zoo ...

1 der __gut__e Kontakt zwischen Mensch und Tier
2 das _____e Futter
3 die _____e Zoo-Landschaft
4 die _____en Tierarten

frisch   natürlich   selten   _gut_

Frank: Das finde ich traurig für die Tiere ...

1 den __kleinen__ Zoo
2 das _____e Leben
3 die _____e Veranstaltung
4 die _____en Gehege

langweilig   laut   eng   klein

b) Ergänze die Endungen.

Meine Regel

Adjektivdeklination: bestimmter Artikel		
	im Nominativ	**im Akkusativ**
(m) der →	-e	-en
(n) das →		
(f) die →		
(Pl) die →		

A5 BESPRECHEN

Adjektive: Übersetzt und vergleicht.
Was ist ähnlich, was ist anders?

1 das Futter ist frisch
   das frische Futter

2 die Gehege sind eng
   die engen Gehege

Achte auf die Position der Adjektive.
Sie stehen im Deutschen vor dem Nomen.

A6 GRAMMATIK

Was ist deiner Meinung nach gut am Zoo? Und was findest du schlecht? Sammle Argumente.

Das ist meiner Meinung nach gut am Zoo:

die netten Tierpfleger

Das finde ich schlecht am Zoo:

den teuren Eintritt

der Zoo/die Gehege: eng/groß/neu/alt/dunkel/modern/...
die Veranstaltungen: leise/laut/langweilig/lustig/...
der Eintritt: teuer/günstig
die Tiere: gesund/traurig /aggressiv/frustriert/zufrieden/wild/deprimiert/faul/...

A7 SPRECHEN

a) Lest die Aussagen über Zoos und notiert eure Meinung dazu.
b) Diskutiert. Wer ist für Zoos? Wer ist dagegen?

1 Die Tiere leben zufrieden im Zoo.
2 Der Zoo ist nur für uns lustig.
3 Zootiere können nicht in Freiheit leben.
4 Das Leben im Zoo ist für die Tiere langweilig.
5 Der Zoo schützt seltene Tierarten.
6 Tierfilme sind nicht so spannend wie ein Zoo-Besuch.

Ich bin (nicht) einverstanden, weil ...
Ich bin dafür/dagegen, dass ...
Klar./Sicher./Natürlich.
Das stimmt so nicht.

Meiner Meinung nach ist/sind ...
Ich denke/glaube/finde, dass ...
Du hast recht/Das stimmt, aber ...

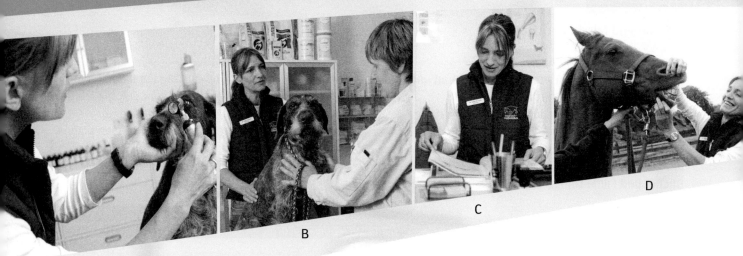

A   B   C   D

B1   BESPRECHEN

Was wisst ihr über den Beruf „Tierarzt"? Schaut die Fotos an:
Was findet ihr gut an dem Beruf?
Was gefällt euch nicht so gut? Diskutiert.

2/12

B2   HÖREN

Fragen an Frau Dr. Heller: Wie ist die Reihenfolge? Notiere.

☐ Hat Frau Dr. Heller Haustiere?   ☐ Warum ist Frau Dr. Heller Tierärztin?

☐ Wie gefährlich ist ihr Beruf?   ☐ Wie sieht der Arbeitstag von Frau Dr. Heller aus?

☐ Was ist besonders traurig an ihrem Beruf?   ☐ Wer sind Frau Dr. Hellers Patienten?

> **Genitiv bei Eigennamen**
> die Patienten von Frau Dr. Heller
> = Frau Dr. Hellers Patienten
> die Tochter von Frau Dr. Heller
> = Frau Dr. Hellers Tochter

2/12

B3   HÖREN

Was ist richtig? Kreuze an.

1 Frau Dr. Heller ist Tierärztin,
    ⓐ weil ihr Opa und Vater auch Tierärzte waren.
    ⓑ weil ihr Vater gesagt hat, sie soll Tiermedizin studieren.

2 Frau Dr. Heller
    ⓐ arbeitet nur von 8 bis 17 Uhr in der Praxis.
    ⓑ macht auch Hausbesuche und bekommt Notrufe.

3 ⓐ Ein Hunde-Besitzer
  ⓑ Ein Patient   wollte Frau Dr. Heller angreifen, aber sie hatte Glück.

4 Es ist für Frau Dr. Heller
    ⓐ nicht leicht,   wenn sie ein Tier töten muss.
    ⓑ nicht schwer,

5 Frau Dr. Heller zeigt Fotos
    ⓐ von ihren Patienten.
    ⓑ von ihren Haustieren.

6 ⓐ Frau Dr. Heller
  ⓑ Frau Dr. Hellers Tochter   hat vier Meerschweinchen.

> **Nomen: Dativ Plural**
> die Haustiere – den Haustieren

2/13

B4   AUSSPRACHE

Wortakzent: Hör, markiere und sprich nach.

der Patient ▌ das Monument ▌ der Student ▌ der Moment ▌ das Experiment ▌ das Medikament

Merke dir: Das -ent ist immer betont!

B5 GRAMMATIK

Frau Dr. Heller stellt ihre Patienten vor: Wer ist das? Ordne zu.

1 Daisy ist die Katze
2 Denis ist das Meerschweinchen
3 Rocky ist der Hund
4 Donaldo ist das Pferd

a mit den großen Zähnen.
b mit dem kleinen Spielzeug.
c mit dem braunen Hut.
d mit der schwarzen Brille.

Adjektivdeklination:
bestimmter Artikel im Dativ
(m) dem braunen Hut
(n) dem kleinen Spielzeug
(f) der schwarzen Brille
(Pl) den großen Zähnen

Merk dir für die Adjektive im Dativ -en!

B6 GRAMMATIK

E-Mails an Frau Dr. Heller: Ergänze die Artikel und die Endungen.

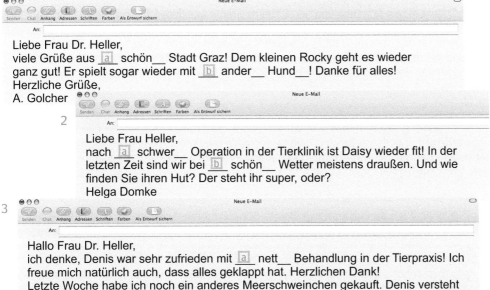

1 Neue E-Mail
An:
Liebe Frau Dr. Heller,
viele Grüße aus ‿a‿ schön__ Stadt Graz! Dem kleinen Rocky geht es wieder ganz gut! Er spielt sogar wieder mit ‿b‿ ander__ Hund__! Danke für alles!
Herzliche Grüße,
A. Golcher

2 Neue E-Mail
An:
Liebe Frau Heller,
nach ‿a‿ schwer__ Operation in der Tierklinik ist Daisy wieder fit! In der letzten Zeit sind wir bei ‿b‿ schön__ Wetter meistens draußen. Und wie finden Sie ihren Hut? Der steht ihr super, oder?
Helga Domke

3 Neue E-Mail
An:
Hallo Frau Dr. Heller,
ich denke, Denis war sehr zufrieden mit ‿a‿ nett__ Behandlung in der Tierpraxis! Ich freue mich natürlich auch, dass alles geklappt hat. Herzlichen Dank!
Letzte Woche habe ich noch ein anderes Meerschweinchen gekauft. Denis versteht sich sehr gut mit ‿b‿ neu__ Partnerin!
Viele Grüße,
H. Niederhaus

4 Neue E-Mail
An:
Liebe Anette,
Donaldo geht's prima! Und wir fahren schon nächste Woche zu ‿a‿ traditionell__ Wettkampf in Nürnberg! Danke, dass Du ihm geholfen hast! Am 15. Juli kommen wir wieder zurück.
Liebe Grüße,
Konstanze und Felix
PS. Kennst Du Pferde-TV? In ‿b‿ letzt__ Sendung haben sie Bilder von Donaldo gezeigt!!

Präpositionen mit Dativ
aus   nach
bei   von
mit   zu
...

Präpositionen mit Dativ und Artikel
(m, n) zu dem = zum
       in dem = im
(f)   zu der = zur
       in der

B7 SPRECHEN

Macht Quartett-Karten und spielt.

■ *Ich möchte die Karte mit dem roten Huhn.*
● *Die habe ich nicht. Ich möchte den grünen Vogel.*
◆ *Tut mir leid. Mir fehlt die blaue Katze.*

der Hund, -e
der Vogel, ¨
das Huhn, ¨er
das Pferd, -e
das Schwein, -e
die Katze, -n
die Maus, ¨e
...

A

B

C

C1 BESPRECHEN

Schaut die Bilder an: Welche Tiere kennt ihr? Woher kennt ihr sie?

C2 LESEN

Fotos und Texte: Ordne zu. A ☐ B ☐ C ☐

1 „Die Bremer Stadtmusikanten", so heißt ein Märchen von den Brüdern Grimm aus dem 19. Jahrhundert. Ein Esel, ein Hund, eine Katze und ein Hahn wollen in Bremen Stadtmusikanten werden. Auf dem Weg in die Stadt finden sie im Wald ein Haus mit Räubern. Sie möchten die Räuber aus dem Haus jagen und dort übernachten. Auf ein Zeichen schreien sie alle los und stürzen durch das Fenster in das Haus hinein. Die Räuber bekommen Angst und laufen weg. Den vier Tieren gefällt das Haus so gut, dass sie doch nicht nach Bremen gehen, sondern für immer in dem Haus bleiben.

2 Die Hündin Laika war das erste Lebewesen im Weltall. Am 3. November 1957 haben sowjetische Wissenschaftler sie in einer Rakete ins All geschickt. Sputnik 2 war der Name dieser Mission. Laika ist einige Stunden nach dem Start gestorben, weil es ihr an Bord zu heiß und stressig war. Die Mission war trotzdem sehr wichtig für die sowjetischen Experten, denn sie konnten ihre Raketentechnik verbessern. Und so ist nur knapp vier Jahre später, am 12. April 1961, der sowjetische Kosmonaut Juri Gagarin als erster Mensch ins Weltall geflogen.

3 Der Eisbär Knut ist am 5. Dezember 2006 im Zoologischen Garten Berlin geboren. Seine Mutter wollte ihn nicht haben, so mussten sich die Tierpfleger im Zoo um Knut kümmern. Bei seiner Geburt war er sehr klein und nur 810g schwer. Deshalb durften die Zoobesucher den kleinen Eisbären erst mit 15 Wochen zum ersten Mal sehen. Seitdem war Knut in der ganzen Welt berühmt. Fernsehen, Radio und Internet haben regelmäßig über Knut berichtet, sein Bild konnte man auf vielen T-Shirts, Tassen, Postkarten und Briefmarken sehen – und man hat sogar Lieder über Knut geschrieben! 2011 ist Knut leider gestorben. Er war nur vier Jahre alt.

C3 LESEN

Ergänze.

	Was für Tiere sind das?	Woher kennt man sie?	Andere Informationen?
1 Bremer Stadtmusikanten	Esel …		
2 Laika		aus der Geschichte	
3 Knut			früher nur 810g schwer

C4 SCHREIBEN

a) **Wählt ein berühmtes Tier aus Film, Werbung, Geschichte, Literatur usw. Recherchiert in der Bibliothek oder im Internet. Sammelt Informationen und Bilder.**

b) **Schreibt einen Steckbrief zu eurem Tier.**

> Was für ein Tier ist das?
> Warum ist das Tier berühmt?
> Wie sieht es aus?
> …

GRAMMATIK

Adjektivdeklination: bestimmter Artikel

	Nominativ	**Akkusativ**	**Dativ**
(m)	der große Zoo	den kleinen Zoo	dem braunen Hut
(n)	das frische Futter		dem kleinen Spielzeug
(f)	die natürliche Landschaft		der schwarzen Brille
(Pl)	die seltenen Tierarten		den großen Zähnen

Deklination des Nomens: Dativ Plural

den Haustieren
den Zähnen

Genitiv bei Eigennamen

die Patienten von Frau Dr. Heller = Frau Dr. Hellers Patienten
die Tochter von Frau Dr. Heller = Frau Dr. Hellers Tochter

WORTSCHATZ

Nomen

maskulin (m)
der Arbeitstag, -e
der Besitzer, -
der Doktor, -en
der Hut, ⸚e
der Hund, -e
der Notruf, -e
der Partner, -
der Student, -en
der Vogel, ⸚
der Zoo, -s

neutral (n)
das Futter, nur Sg.
das Gefängnis, -se
das Gehege, -
das Huhn, ⸚er

das Schwein, -e
    das Meerschweinchen, -
das Wildtier, -e

feminin (f)
die Art, -en
    die Tierart, -en
die Europäische Union, nur Sg.
die Freiheit, nur Sg.
die Großstadt, ⸚e
die Maus, ⸚e
die Medizin, nur Sg.
    die Tiermedizin, nur Sg.
die Million, -en
die Nahrung, nur Sg.
die Sendung, -en
die Tochter, ⸚
die Veranstaltung, -en

Verben
an|greifen, hat angegriffen
fehlen
sich informieren (über
    Akk.)
jagen
klappen
schützen
sorgen
    für die Tiere sorgen
töten
untersuchen
züchten

Adjektive
aggressiv
beliebt

deprimiert
faul
frustriert
leise
modern
traditionell

Adverbien
dafür
    dafür sein
dagegen
    dagegen sein
drinnen
(nicht) einverstanden
    (nicht) einverstanden
    sein
prima

Das kann ich jetzt!

meine Meinung ausdrücken
Meiner Meinung nach sind die Tierpfleger im Zoo sehr nett.
Ich denke/glaube/finde, dass ...

zustimmen
Klar./Sicher./Natürlich.
Ich bin einverstanden, weil ...
Ich bin dafür, dass ...

ablehnen
Das stimmt so nicht.
Ich bin nicht einverstanden, weil ...
Ich bin dagegen, dass ...

eine Einschränkung machen
Du hast recht, aber ...
Das stimmt, aber ...

über das Befinden sprechen
Dem kleinen Rocky geht es wieder ganz gut!
Donaldo geht's prima!

mich bedanken
Danke für alles!
Herzlichen Dank!
Danke, dass du ihm geholfen hast!

(Brief/E-Mail ...) mich verabschieden
Herzliche Grüße

Lernen lernen

Markiere Schlüsselwörter in den Aufgaben! Dann suche diese Wörter im Text!	→ A3
Achte auf die Position der Adjektive! Sie stehen im Deutschen vor dem Nomen!	→ A5
Merk dir: Das *-ent* ist immer betont!	→ B4
Merk dir für die Adjektive im Dativ *-en*!	→ B5

„Überall spürt man die alte Kultur"

Lei Zhu, 24 Jahre, kommt aus Jinan im Westen Chinas und arbeitet in seiner Heimat als Qualitätskontrolleur bei Siemens. Sein Chef hat ihn für zwei Jahre zum Studium nach Deutschland ge-
5 **schickt. *Glasklar** hat ihn gefragt: Wie denken die Leute in Ihrer Heimat über Europa? Welche Erwartungen von Europa hatten Sie vor Ihrer Reise? Wie finden Sie es heute?**

Über Europa und die Europäer habe ich vor meiner
10 Reise nach Deutschland nur etwas im Fernsehen gesehen oder in den Zeitungen gelesen. Ich habe nie geglaubt, dass ich tatsächlich einmal nach Europa komme. Europa ist von China ja sehr weit entfernt, nur wenige Menschen in meiner Heimat können es einfach
15 besuchen. Ich bin der Einzige in meiner Familie und das macht mich sehr stolz.

Meinen Eltern schicke ich regelmäßig Postkarten. Sie machen sich große Sorgen um mich, denn Europa ist ihnen sehr fremd.
20 Ich bin vor 18 Monaten nach Deutschland gekommen und ich war selbst überrascht: Es ist ganz anders als in meiner Vorstellung. Ich habe vorher immer gedacht, ganz Europa ist wie Deutschland oder Italien. Doch in den letzten Monaten bin ich viel gereist, ich habe da
25 einen genauen Plan. Ich war schon in den Niederlanden, in Ungarn und in der Schweiz. Bei den Reisen habe ich festgestellt: Das sieht ja überall ganz anders aus. In der Schweiz gibt es wunderschöne hohe Berge, aber alles ist unglaublich teuer – anders als zum Bei-
30 spiel in Berlin. In Amsterdam gibt es überall Flüsse mitten in der Stadt und man sieht so viele Fahrräder! Das hat mich sehr an zu Hause erinnert, denn in China haben nur wenige Menschen ein eigenes Auto und fahren deshalb oft Rad.
35 In meiner Heimat gibt es auch nicht so viele schöne alte Gebäude und nicht so viele Sehenswürdigkeiten wie hier. Bei uns gibt es eher moderne Bauten und Hochhäuser. Das ist das Faszinierende: Europa hat eine alte Kultur, das sieht und spürt man überall.
40 Wenn man die Menschen in China fragt: „Wohin in der Welt möchtest du am liebsten gehen?", dann antworten die meisten: „Nach Europa." Und warum? Weil Europa eben eine lange Geschichte hat und ein interessantes Reiseland ist.
45 Europa und China sind beide wirtschaftlich sehr stark. China ist ein großer Markt für Firmen aus aller Welt – auch für die europäischen Firmen. Ich finde, das ist für beide Seiten gut – für China genauso wie für Europa. So denken bei uns viele: China braucht Europa und
50 Europa braucht China. Das ist einfach so. Ich hoffe, dass ich bald mit
55 meiner ganzen Familie Europa besuchen kann.

*das Jugendmagazin vom Deutschen Parlament

A1 BESPRECHEN

Lest die Einleitung (Zeilen 1–8) und das Zitat: Was meint ihr? Wie antwortet Lei Zhu? Sammelt Ideen.

A2 LESEN

Über welche Themen spricht Lei Zhu? Kreuze an.

[a] Politik [b] Reisen [c] Essen [d] Kultur und Geschichte [e] Religion [f] Wirtschaft [g] Natur

A3 LESEN

Diese Sätze sind falsch. Korrigiere sie.

1 Lei Zhu hat vor seiner Reise <u>viel</u> über Europa im Fernsehen gesehen und in den Zeitungen gelesen.

    nur etwas/wenig

2 Lei Zhus Eltern sind glücklich, dass ihr Sohn im Ausland ist. Sie kennen Europa sehr gut.

3 Ganz Europa sieht für Lei Zhu genauso aus wie Deutschland und Italien.

4 In der Schweiz ist alles sehr günstig – anders als in Berlin.

5 In Amsterdam gibt es viele Autos – genauso wie in China.

6 In China ist es so wie in Europa: Es gibt viele Sehenswürdigkeiten und alte Gebäude.

7 Europa ist wirtschaftlich stärker als China.

8 China ist kein interessanter Markt für europäische Firmen.

A4 GRAMMATIK

a) Ergänze. Der Text hilft. Markiere das Kasus-Signal und mach Pfeile wie im Beispiel.

Nominativ	Akkusativ
(m) der Markt → China ist **ein** groß*er* Markt.	den Plan → Lei Zhu hat für seine Reisen **einen** genau__ Plan.

⚠ Nominativ = Akkusativ		
(n) das Reiseland →	Europa ist	**ein** interessant__ Reiseland.
(f) die Kultur →	Europa hat	**eine** alt__ Kultur.
(Pl) die Bauten →	In China gibt es	~ modern__ Bauten.

b) Welche Endung hat das Adjektiv im Dativ? Ergänze.

Ich hoffe, dass ich bald mit meiner ganz__ Familie Europa besuchen kann.

c) Ergänze die Endungen.

Meine Regel

Adjektivdeklination: unbestimmter Artikel

	im Nominativ	im Akkusativ	im Dativ
(m) ein →			-en
(n) ein →		-es	-en
(f) eine →	-e		
(Pl) ~ →	-e		-en

auch so: kein-, mein-: kein/mein neu**es** Haus ⚠ **aber Plural**: keine/meine neu**en** Häuser

A5 SPRECHEN

a) Ergänzt die Adjektive.
b) Macht dann ein Interview mit euren Partnern.
Notiert die Antworten.
Es sind verschiedene Antworten möglich.

Das ist eine berühmte Politikerin in Deutschland. Wer ist das, Paula?

Angela Merkel. Tom, nenne bitte eine bekannte Sehenswürdigkeit.

Das ist ...

1 eine _behannte_ (bekannt) Politikerin in Deutschland.
2 ein _____ (lecker) Gericht.
3 ein _____ (modern) Sänger.
4 eine _____ (deutsch) Fußballmannschaft.
5 ein _____ (groß) Zoo in Europa.
6 ein _____ (hoch) Gebäude in Paris.

Nenne ...

7 eine _berühmte_ (berühmt) Sehenswürdigkeit.
8 einen _____ (europäisch) Film.
9 einen _____ (interessant) Schauspieler.
10 eine _____ (italienisch) Automarke.
11 ein _____ (klein) Land in Europa.
12 ein _____ (deutsch) Märchen.

A6 SCHREIBEN

a) Kennt ihr ein anderes europäisches Land oder eine andere europäische Stadt?
Sammelt Informationen, Fotos und vergleicht mit eurem Land/eurer Stadt.
Schreibt einen Beitrag für *Glasklar*.
b) Macht eine Collage in der Klasse.

Ich henne ... Das liegt in Norwegen. In ... gibt es ... Einwohner. ...

In ... ist es so/genauso wie in ...
Bei uns ist es so wie in .../ganz anders als in ...
In ... sieht es so wie in .../ganz anders als in ... aus.
Es gibt nicht/genauso viele ... wie ...
... ist größer/kleiner/interessanter ... als ...

Bevölkerung, Lage, Geografie, große Städte, Tourismus, Essen ...

EUROPEERS

JUGENDLICHE informieren über EUROPA »

A   B   C

B1 BESPRECHEN

Was meint ihr? Was sind EuroPeers? Was machen sie? Was bedeutet: Europa erleben?

B2 LESEN

Beantworte die Fragen und vergleiche mit deinen Vermutungen in B1.

1 Was sind EuroPeers?
2 Was machen sie?
3 Wie sind sie aktiv?

EuroPeers sind junge „Experten" für Europa. Sie waren mit dem EU*-Programm JUGEND IN AKTION im europäischen Ausland aktiv und möchten von ihren Erfahrungen erzählen. Sie gehen in Schulen, Jugendklubs oder Fußgängerzonen und informieren über das Programm JUGEND IN AKTION. Außerdem organisieren sie Workshops, Schulstunden oder Ausstellungen zum Thema Europa. Dazu gibt es Flyer und Prospekte. Mehr Infos unter: www.europeers.de

*EU = Europäische Union

2/14

B3 HÖREN

Teil 1: Was erfährst du über Anna? Notiere Stichwörter.

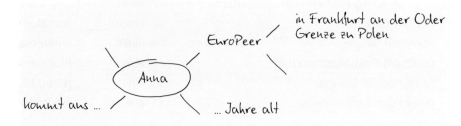

in Frankfurt an der Oder
Grenze zu Polen

EuroPeer

Anna

kommt aus ...

... Jahre alt

2/15

B4 HÖREN

Teil 2: Richtig oder falsch? Kreuze an.

1 Anna war sehr gut in der Schule, vor allem in Deutsch.   r f
2 Sie wollte gern ins Ausland gehen und dort arbeiten.   r f
3 Anna hat von der EU ein Taschengeld bekommen, deshalb konnte sie viel reisen.   r f
4 Anna musste ihren Deutschkurs selbst bezahlen.   r f
5 Im Jugendzentrum hat Anna viel am Computer gearbeitet.   r f
6 Außerdem hat sie Erwachsene in Polnisch unterrichtet.   r f
7 Sie hat für die Sommerferien ein Ferienprogramm für Jugendliche vorbereitet.   r f
8 Anna hat viel gemacht in Deutschland. Das steht alles im „Youthpass".   r f

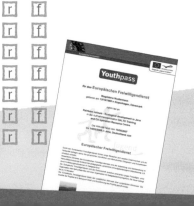

B

B5 GRAMMATIK

a) Was ersetzen die markierten Wörter? Mach Pfeile wie im Beispiel.

1 Ich habe in Deutschland viele Erfahrungen gemacht. Ich möchte euch davon erzählen.

2 JUGEND IN AKTION hat auch einen Sprachkurs bezahlt. Ich habe daran teilgenommen.

3 Die Informationen im deutsch-polnischen Jugendportal mussten immer aktuell sein. Ich habe mich darum gekümmert.

4 Die Kinder im Polnisch-Sprachkurs waren sehr süß. Ich denke gern an sie zurück.

5 Ich habe am Ende den „Youthpass" bekommen. Darauf bin ich sehr stolz.

b) Ergänze die Antworten.

1 Wovon möchte Anna erzählen? Von _ihren Erfahrungen in Deutschland_.
2 Woran hat sie teilgenommen? An _____
3 Worum hat sie sich gekümmert? Um _____
4 An wen denkt sie gern zurück? An _____
5 Worauf ist sie stolz? Auf _____

Verben — Adjektive
mit Präpositionen
denken an + Akk. froh sein über + Akk.
sich kümmern um + Akk. stolz sein auf + Akk.
erzählen von + Dat.
teilnehmen an + Dat.

Präpositionaladverbien: davon, daran
Ich habe in Deutschland viele Erfahrungen gemacht.
Ich möchte euch von meinen Erfahrungen erzählen.
Ich möchte euch davon erzählen.

erzählen von ... davon
⚠ teilnehmen an ... daran

Fragewort: wovon?, woran? ...
Wovon möchte Anna erzählen?
Von ihren Erfahrungen in Deutschland.

erzählen von ... Wovon ...?
⚠ denken an ... Woran ...?

⚠ Personen
Die Kinder im Polnisch-Sprachkurs waren sehr süß.
Ich denke gern an sie zurück.
An wen denkt Anna gern zurück?

B6 BESPRECHEN

Präpositionaladverbien und Fragewort: Übersetzt und vergleicht. Was ist ähnlich, was ist anders?

1 Ich habe in Deutschland viele Erfahrungen gemacht.
Ich möchte euch davon erzählen.
Wovon möchte Anna erzählen?

2 Die Kinder im Polnisch-Sprachkurs waren sehr süß.
Ich denke gern an sie zurück.
An wen denkt Anna gern zurück?

B7 AUSSPRACHE

Satzakzent: Hör, markiere und sprich nach.

1 ■ Wovon träumst du? 2 ▲ Träumst du von der Schule?
● Von der Schule. Nein, davon träume ich nie.
■ Du Armer! ▲ Du Glückliche!

B8 SPRECHEN

Macht Dialoge wie in B7. Variiert die Antworten.

träumen von / stolz sein auf / erzählen von / teilnehmen an / sich interessieren für

Ferien / Noten / Schule / Modenschau / Fußball

■ Wovon träumst du?
● Von den Ferien.
■ Du Glückliche/r!

◆ Träumst du von den Ferien?
▲ Ja, davon träume ich oft. Nein, davon träume ich nie.
◆ Du Glückliche/r! ◆ Du Arme/r!

1 Schwingen in der Schweiz

Schwingen, eine Variante des Ringens, ist ein Nationalsport in der Schweiz. Die Athleten tragen über ihren Kleidern eine kurze Hose. Die ist selbst gemacht und von bester Qualität, denn die beiden Sportler dürfen beim Wettkampf nur die Hose von ihrem Gegner festhalten. Gewonnen hat der Sportler, der seinen Partner so „schwingt", dass dieser auf den Rücken fällt. Zum Glück findet der Wettkampf auf feinen Holzspänen statt. ☺ Seit 1992 schwingen auch Frauen.

2 Glückliche „Euro-Babys 2007"

Am 1. Januar 2007 ist Bulgarien Mitglied der Europäischen Union geworden. Tausende Menschen haben mit einem Feuerwerk, einer Licht-Show und der Nationalhymne auf den Straßen gefeiert. Alle bulgarischen Babys, geboren am 1. Januar 2007, hatten Glück. Denn sie sind automatisch Mitglieder im Klub „Euro-Baby 2007" geworden. Sie bekommen vom Bulgarischen Staat ein Stipendium für ihr späteres Studium.

3 Küssen verboten

Vor dem Bahnhof in Warrington, im Nordwesten Englands, gibt es ein interessantes Schild: „Küssen verboten". Es soll die Menschen „auf fröhliche Weise" daran erinnern, dass sie schnell in den Zug einsteigen sollen. Es passiert nämlich oft, dass die Züge mit Verspätung abfahren. Wer mehr Zeit mit seinen Lieben verbringen möchte, kann den Parkplatz in der Nähe benutzen. Dort zeigt ein anderes Schild, dass man sich küssen darf.

4 Prager Sozialleben unter der Erde

Der Anti-Atom-Bunker Parukarka von 1955 ist heute ein trendiger Treffpunkt für junge Leute zum Feiern und mehr. Hier finden Ausstellungen, Partys und Konzerte statt. Mehrere Paare haben im Bunker schon ihre Hochzeit gefeiert. Der Bunker ähnelt einer normalen Kneipe – nur ohne Fenster. Hier kann man die ganze Nacht feiern und laut sein. Allerdings ist der Klub sehr klein und liegt weit unter der Erde. Aber genau das ist ja das Interessante!

C1 BESPRECHEN

Lest die Schlagzeilen und schaut die Fotos an. Was glaubt ihr? Wo sind die Leute? Was machen sie?

C2 LESEN

a) Bildet vier Gruppen. Jede Gruppe liest gemeinsam einen Text. Stellt W-Fragen zum Text und unterstreicht die Antworten. Macht Notizen.

b) Bildet neue Vierergruppen: Jeder Schüler/jede Schülerin in der neuen Vierergruppe hat einen anderen Text gelesen. Berichtet in der Gruppe.

> *Stell W-Fragen zum Text und beantworte sie.*
> *So kannst du die wichtigen Informationen zusammenfassen.*

C3 SPRECHEN

Was ist besonders in deinem Land/in deiner Region? Berichte.

> *Bei uns in Ljubljana gibt es ein ganz besonderes Hotel. Das Hotel war einmal ein Gefängnis! Man übernachtet in den Gefängniszellen. Künstler haben die Zimmer dekoriert. Die meisten Fenster haben noch ein Gitter. Die Touristen wohnen also wie in einem Gefängnis. Das ist doch lustig, oder?*

GRAMMATIK

Adjektivdeklination: unbestimmter Artikel

	Nominativ	Akkusativ	Dativ
(m)	ein großer Markt	einen genauen Plan	einem genauen Plan
(n)	ein interessantes Reiseland		einem interessanten Reiseland
(f)	eine alte Kultur		einer alten Kultur
(Pl)	~ moderne Bauten		~ modernen Bauten

auch so: kein-, mein-   ⚠ **aber Plural:** keine/meine neuen Häuser

Präpositionaladverbien

Verben/Adjektive/Nomen mit Präpositionen	Präpositionaladverb	Fragewort
denken an	daran	Woran ...?
erzählen von	davon	Wovon ...?
sich kümmern um	darum	Worum ...?
froh sein über	darüber	Worüber ...?
Lust haben auf	darauf	Worauf ...?

⚠ da/wo + r + , a, o, u, e ...: daran/woran

Präpositionaladverbien bei Sachen
Ich habe in Deutschland *viele Erfahrungen* gemacht.
Ich möchte euch davon erzählen.
Wovon möchte Anna erzählen?

⚠ **Präposition + Pronomen bei Personen**
Die Kinder im Polnisch-Sprachkurs waren sehr süß.
Ich denke gern an sie zurück.
An wen denkt Anna gern zurück?

WORTSCHATZ

Nomen
maskulin (m)
der Bau, -ten
der Europäer, -
der Flyer, -
der Prospekt, -e
der Tourismus, nur Sg.

neutral (n)
(das) Europa, nur Sg.
das Hochhaus, ¨er
das Märchen, -
das Parlament, -e
das Reiseland, ¨er

feminin (f)
die Ausstellung, -en
die Bevölkerung, -en
die Erwartung, -en
die Ferne, nur Sg.
die Firma, Firmen
die Grenze, -n
die Lage, -n
die Marke, -n
   die Automarke, -n
die Modenschau, -en
die Qualität, -en
   der Qualitätsingenieur, -e
die Sehenswürdigkeit, -en
die Sorge, -n
die Vorstellung, -en

die Wirtschaft, nur Sg.
die Zone, -n
   die Fußgängerzone, -n

Verben
erleben
erzählen (von Dat.)
fest|stellen
informieren (über Akk.)
sich interessieren (für Akk.)
nennen, hat genannt
spüren
teil|nehmen (an Akk.)
träumen (von Dat.)
zurück|denken (an Akk.), hat zurückgedacht

Adjektive
berühmt
europäisch
fremd
froh (über Akk.)
   froh sein
stolz (auf Akk.)
   stolz sein
wirtschaftlich

Adverbien
mitten
   mitten in der Stadt
tatsächlich
vorher

Das kann ich jetzt!

etwas vergleichen
Bei uns ist es so wie/ganz anders als in Deutschland.
In China sieht es so wie/ganz anders als in Europa aus.
Europa ist (genauso) wie China.
Es gibt nicht/genauso viele Fahrräder wie in China.
Europa ist größer/kleiner/interessanter als China.
In Deutschland ist es so wie in Italien.

nach Informationen fragen
Wovon träumst du?
Träumst du von der Schule?

Freude/Bedauern ausdrücken
Du Glückliche(r)!
Du Arme(r)!

Lernen lernen

Stell W-Fragen zum Text und beantworte sie.
So kannst du die wichtigen Informationen zusammenfassen.   → C2

32 Reisen

A Ferien auf der Schiene

Interrail durch Europa * Interrail durch Europa *** Interrail durch Europa ***

 TICKET ✓
 REISEDOKUMENTE ✓
 YOUTH HOSTELLING INTERNATIONAL · UNTERKUNFT ✓
 REISEKASSE ✓
 LÄNDERINFOS ✓

Entdeckt Europa mit dem Zug! Mit dem Interrail-Ticket könnt ihr bis zu einem Monat in 30 europäische Länder reisen! Mit diesem Ticket in der Tasche seid ihr völlig frei! ... Auf unserer Internetseite findet ihr alle Informationen rund um das Interrail: Ticketpreise, wichtige Dokumente (Ausweis, Pass, Visum ...), Unterkunft (Jugendherbergen, Campingplätze ...), Reisekasse (Bargeld, EC-Karte, Kreditkarte ...), Länderinfos (Landkarten, Reiseführer ...) und und und. Ihr habt die Fragen, wir geben die Antworten!!

 A1 BESPRECHEN

Schaut die Internetseite an: Was bedeutet Interrail? Bildet Hypothesen.

A2 LESEN

Schreib die Fragen zu den Antworten.

Temporale Präposition:
bis zu + Dativ
bis zu einem Monat

Wohin ...?   Welche ...?   Was ...?   Wie lange ...?

1 Was ist ein Interrail-Ticket? _____ ?
Eine Fahrkarte. Man reist mit dem Zug durch Europa.

3 _____ ?
In 30 europäische Länder.

2 _____ ?
Bis zu einem Monat.

4 _____ ?
Ticketpreise, Dokumente, Unterkunft, Reisekasse und Länderinformationen.

 A3 HÖREN

2/17

Teil 1: Beantworte die Fragen.
1 Wie viele Jugendliche sprechen?   2 Wo sind sie?   3 Was machen sie?

 A4 HÖREN

2/18

a) Teil 2: Richtig oder falsch? Kreuze an.

1 Für die Interrail-Reise brauchen die Jugendlichen Reisepass und Visum.   r f
2 Sie kopieren ihre Interrail-Tickets und ihre Ausweise.   r f
3 Hotels und Pensionen sind am günstigsten.   r f
4 Sie suchen nach einer Unterkunft in Wien.   r f
5 Sie wollen kein Bargeld mitnehmen.   r f
6 Mit ihren EC-Karten können sie an Bankautomaten im Ausland Geld abheben. r f
7 Sie nehmen ihre Kreditkarten mit.   r f

b) Schreib die falschen Sätze richtig.

1. Für die Interrail-Reise brauchen die Jugendlichen ...

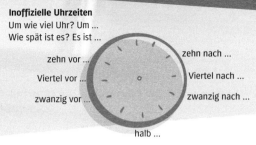

Inoffizielle Uhrzeiten
Um wie viel Uhr? Um …
Wie spät ist es? Es ist …

zehn vor …   zehn nach …
Viertel vor …   Viertel nach …
zwanzig vor …   zwanzig nach …
halb …

A5   WORTSCHATZ

a) Lies den Fahrplan und hör dann Teil 3: Wie sagen die Jugendlichen die Uhrzeiten? Kreuze an.

⊙ München Hbf	Fr., 08.07.	ab 07:20
⊙ Wien Westbahnhof		an 11:15
		ab 08:45
		an 13:05
		ab 10:55
		an 16:30

1   ⓐ um sieben Uhr zwanzig   ⓑ um zwanzig nach sieben
2   ⓐ um Viertel nach elf   ⓑ um elf Uhr fünfzehn
3   ⓐ um acht Uhr fünfundvierzig   ⓑ um Viertel vor neun
4   ⓐ um fünf nach eins   ⓑ um dreizehn Uhr fünf
5   ⓐ um fünf vor elf   ⓑ um zehn Uhr fünfundfünfzig
6   ⓐ um sechzehn Uhr dreißig   ⓑ um halb fünf

b) Inoffizielle Uhrzeit: Was macht Jasper? Bilde Sätze.

1 **7:00** aufstehen
2 **7:20** frühstücken
3 **8:05** zum Hauptbahnhof fahren
4 **8:30** sich mit Klara und Alex am Hauptbahnhof treffen
5 **8:45** nach Wien fahren

> *Um sieben Uhr steht Jasper auf!*

A6   AUSSPRACHE

Wortgruppenakzent: Hör und sprich nach.

06:20 um sechs Uhr zwanzig   **10:55** um zehn Uhr fünfundfünfzig   **15:05** um fünf nach drei

08:45 um acht Uhr fünfundvierzig   **13:15** um Viertel nach eins   **18:30** um halb sieben

A7   SPRECHEN

Jasper, Alex und Klara planen ihre Reise: Wer hat was (nicht)? Variiert die Dialoge.

■ *Hast du einen Reiseführer?*
● *Nein, ich habe keinen.*
▲ *Aber ich habe einen.*

der Reiseführer
der Topf
das Taschenmesser
das Zelt
die Taschenlampe
die Spielkarten
…

Indefinit- und Possessivpronomen

Hier ist	(m)	einer.
	(n)	eins.
	(f)	eine.
sind	(Pl)	welche.

auch so: kein-/mein-/dein-/sein-

Ich habe	(m)	einen.
	(n)	eins.
	(f)	eine.
	(Pl)	welche.

auch so: kein-/mein-/dein-/sein-

A8   SPRECHEN

Ihr plant mit Freunden eine Reise nach Rom. Wählt fünf Gegenstände und einen Zug. Fragt euch dann gegenseitig.

Reise-Checkliste:
☐ Fotoapparat   ☐ Bikini
☐ Schreibblock   ☐ Fernglas
☐ Sonnencreme   ☐ Wanderschuhe
☐ Kaugummis   ☐ Landkarte
☐ …

■ *Nimmst du einen Fotoapparat mit?*
● *Nein, ich habe keinen.*   *Ja, ich nehme meinen mit.*
● *Welchen Zug nehmen wir?*
■ *Den um Viertel nach sieben oder um zwanzig nach zehn?*
● *Nehmen wir doch den Zug um fünf vor zwei.*

…	Fr., 08.07.	ab 07:15
Rom		an 14:30
		ab 10:20
		an 16:05
		ab 13:55
		an 21:40

32 B Zwei Tage Wien

B1 BESPRECHEN

Was wisst ihr schon über die Interrail-Reise von Jasper, Alex und Klara? Sammelt.

B2 LESEN

Wie ist die richtige Reihenfolge? Notiere.

Achte beim Lesen auf die Zeitangaben!

++ Jaspers Tagebuch! ++++ Ferien auf der Schiene ++++ Jaspers Tagebuch! ++++ Ferien

1 **Wien, 09. Juli**
Servus! ☺ Unser zweiter Interrail-Tag hat früh angefangen. Gleich um acht hat Klaras Wecker geklingelt und somit waren dann auch alle anderen wach. Eine halbe Stunde später waren wir schon im Speisesaal. Hier gab es Cornflakes, Müsli, Joghurt, Wurst, Käse, Brötchen, O-Saft, Milch, Kaffee und Tee. Wow!

5 So langsam dachten wir aber auch ans Mittagessen, weil vor allem Alex natürlich wieder Hunger hatte. Zum Glück hat Klara in ihrem Reiseführer einen „Snack-Geheimtipp" in der Nähe vom Hundertwasser- haus entdeckt. Es war ein ganz tolles Beisel (für Nicht-Wiener: eine Kneipe ☺)! Hier haben wir den typischen Rostbraten mit Zwiebeln bestellt, und zum Nachtisch gab es Palatschinken mit Zimt und Zucker. Mmm, ich fand alles total lecker!

10 Um 9:30 waren wir am Stephansplatz. Wenn man die U-Bahn-Station verlässt, steht man direkt vor dem Stephansdom. Natürlich haben wir uns den Dom auch von innen angeschaut – er ist wirklich beeindru- ckend! (Und wisst ihr, wie die Wiener ihn nennen? Steffl! ☺)... Dann ging es weiter zum berühmten Hundertwasserhaus. Dieses Haus ist vielleicht lustig! Alles ist so bunt und schief! In der Nähe ist auch ein Museum von Hundertwasser, das wollten wir uns auch anschauen, aber es gab einfach zu viele Touri-
15 sten und wir haben es uns anders überlegt …

Für den Abend hatten wir noch keine Pläne. Im Reiseführer haben wir dann gelesen, dass zurzeit ein Filmfestival am Rathausplatz läuft, aber leider hat es stark geregnet … So sind wir in der Jugendherberge geblieben und haben zusammen mit anderen Railers (vor allem Italienern und Engländern) Karten ge- spielt. Morgen wollen wir Fahrräder leihen und eine Stadtrundfahrt machen! Wir wissen auch schon, wo
20 wir essen wollen: auf dem Naschmarkt. Das ist ein riesiger Obst- und Gemüsemarkt mitten in der Stadt, dort trifft sich die ganze Welt. Wir sind schon ganz gespannt. Die Hofburg steht natürlich auch auf dem Programm! Mal sehen, was wir morgen alles schaffen!

Nach dem Mittagessen war Schloss Schönbrunn unser nächstes Ziel! Klara meinte, wir müssen unbe- dingt hin. Leider waren die Eintrittspreise etwas zu hoch, und deshalb haben wir uns das Schloss nur
25 von außen angeschaut. Aber allein der riesige Schlosspark hat sich schon gelohnt! Vom Park aus hat man einen tollen Blick auf Wien!

B3 LESEN

a) Was haben die Jugendlichen in Wien schon angeschaut? Und was möchten sie noch anschauen? Ergänze.

1 den Stephans_____ 2 das Hundertwasser_____ 3 das _____ Schönbrunn 4 den Nasch_____ 5 die Hof_____

b) Was haben Jasper, Alex und Klara gegessen? Notiere.

Zum Frühstück: Zum Mittagessen:

c) Was hat gut geklappt, was nicht? Warum? Notiere.

☺   ☹

Frühstück · Sie konnten viel essen.

B4 GRAMMATIK

**a) Welche Präteritumformen kennt ihr? Welche sind neu?
Markiert sie mit unterschiedlichen Farben.**

1 ... und somit **waren** dann auch alle anderen wach.
2 Dann **ging** es weiter zum berühmten Hundertwasserhaus.
3 ... das wollten wir uns auch anschauen ...
4 So langsam dachten wir aber auch ans Mittagessen ...
5 ... zum Nachtisch gab es Palatschinken mit Zimt und Zucker.
6 Mmm, ich fand alles total lecker!
7 Klara meinte, wir müssen unbedingt hin.
8 Für den Abend hatten wir noch keine Pläne.

Präteritum:		
Regelmäßige Verben		
	meinen	
ich	meinte	
er/es/sie	meinte	
Unregelmäßige Verben		
	gehen	denken
ich	ging	dachte
er/es/sie	ging	dachte
auch so: geben, finden ...		

b) Ergänzt die neuen Präteritumformen und den Infinitiv.

Präteritum	Infinitiv
~~ging~~	gehen
...	

*Beim Sprechen verwendet man meistens Perfekt.
Manche Verben verwendet man aber im Präteritum.
Die musst du dir merken!*

B5 SPRECHEN

Wähl eine Aufgabe aus: a) oder b).

a) Wie war deine Lieblingsreise? Wähl ein Foto aus deinem Fotoalbum aus und erzähl die Geschichte dazu.
b) Such ein Foto von einer Reise im Internet oder in der Bibliothek. Erfinde eine Geschichte dazu.

Wo warst du?
Mit wem warst du dort?
Wie fandest du die Reise?
Wie war das Wetter?
Wie bist du gereist?
Wie lange warst du dort?
Was hast du besichtigt?
...

Im Sommer bin ich mit meinen Eltern nach Paris gefahren. Die Zugfahrt hat 10 Stunden gedauert. Wir sind zwei Wochen dort geblieben. Gleich am ersten Tag sind wir zum Eiffelturm gefahren. Natürlich wollten wir auf den Turm steigen, aber leider gab es zu viele Leute, die Schlange war riesig.

32 C Wissensquiz Reisen

C1 SPRECHEN

Vor einer Reise ins Ausland: Was möchtet ihr über das Land erfahren?
Was findet ihr wichtig? Kreuzt an und berichtet.

☐ Sehenswürdigkeiten ☐ Geografie (Berge, Flüsse usw.)

☐ Einige Sätze in der Landessprache ☐ Typische Gerichte

☐ Hauptevents ☐ Geschichte

☐ ...

Ich möchte etwas über ... erfahren.
Informationen über ... finde ich am wichtigsten.
Mich interessiert ... am meisten.
... finde ich langweilig.
... ist nicht so spannend.
... interessiert mich nicht.

C2 LESEN

Macht das Quiz.

1. Welches Ereignis findet jedes Jahr im August auf dem Hungaroring im Osten Budapests statt?
   ☐ a) Das Formel-1-Rennen.
   ☐ b) Der Motorrad Grand Prix.
   ☐ c) Die Radrenn-Europameisterschaft.

2. Wie heißt das jährliche Filmfestival in Berlin?
   ☐ a) Internationales Filmfestival Berlin.
   ☐ b) Berlinfilm.
   ☐ c) Berlinale.

3. Welcher Fluss fließt durch Bratislava?
   ☐ a) Der Rhein.
   ☐ b) Die Donau.
   ☐ c) Die Elbe.

4. In welchen Ländern liegt das Matterhorn?
   ☐ a) In der Schweiz und in Italien.
   ☐ b) In der Schweiz und in Frankreich.
   ☐ c) In Italien und Frankreich.

5. In welcher Sprache heißt „Sveiki atvyk" herzlich willkommen?
   ☐ a) Auf Finnisch.
   ☐ b) Auf Tschechisch.
   ☐ c) Auf Litauisch.

6. Eine Griechin sagt „ne". Das bedeutet:
   ☐ a) Nein.
   ☐ b) Ja.
   ☐ c) Vielleicht.

7. Aus welchem Land stammt der Tee?
   ☐ a) Aus Indien.
   ☐ b) Aus China.
   ☐ c) Aus Japan.

8. Für welche Stadt ist die Mozartkugel ein Symbol?
   ☐ a) Linz.
   ☐ b) Wien.
   ☐ c) Salzburg.

9. Welche berühmte Brücke findet man in London?
   ☐ a) Harbour Bridge.
   ☐ b) Tower Bridge.
   ☐ c) Golden Gate Bridge.

10. Wo steht der höchste Fernsehturm der Welt?
    ☐ a) In Tokyo.
    ☐ b) In Moskau.
    ☐ c) In Shanghai.

11. Welche Stadt hat von 330 bis 1930 den Namen Konstantinopel getragen?
    ☐ a) Athen.
    ☐ b) Kairo.
    ☐ c) Istanbul.

12. Wann ist die Berliner Mauer gefallen?
    ☐ a) 1945.
    ☐ b) 1963.
    ☐ c) 1989.

C3 SCHREIBEN

Jede Gruppe wählt ein Land und macht ein Quiz zu den Themen in C1 für die anderen Gruppen.
Sucht Informationen in der Bibliothek oder im Internet.
Verteilt das Quiz. Für jede richtige Antwort gibt es einen Punkt. Welche Gruppe hat die meisten Punkte?

GRAMMATIK

Temporale Präposition *bis zu* **+ Dativ**
Mit dem Interrail-Ticket kann man bis zu einem Monat reisen.

Indefinit- und Possessivpronomen

	Nominativ	Akkusativ	Dativ
(m)	einer/keiner/meiner	einen/keinen/meinen	einem/keinem/meinem
(n)	eins/keins/meins		
(f)	eine/keine/meine		einer/keiner/meiner
(Pl)	welche/keine/meine		welchen/keinen/meinen

auch so: dein-, sein-, ihr-, unser-, euer-

Verbkonjugation im Präteritum

	Regelmäßige Verben	Unregelmäßige Verben			
Infinitiv	meinen	gehen	geben	denken	finden
ich	meinte	ging	gab	dachte	fand
du	meintest	gingst	gabst	dachtest	fandest
er/es/sie	meinte	ging	gab	dachte	fand
wir	meinten	gingen	gaben	dachten	fanden
ihr	meintet	gingt	gabt	dachtet	fandet
sie/Sie	meinten	gingen	gaben	dachten	fanden

WORTSCHATZ

Nomen
maskulin (m)
der Ausweis, -e
der Blick, -e
der Braten, -
   der Rostbraten, -
der Engländer, -
der Italiener, -
der Kaugummi, -s
der Palatschin-
   ken, -
der Pass, ⸚e
der Reiseführer, -
der Schreibblock, ⸚e
der Speisesaal, -säle
der Topf, ⸚e

der Tourist, -en
der Turm, ⸚e
der Wecker, -
der Zucker, *hier*: nur Sg.

neutral (n)
das Beisel, -
das Dokument, -e
   *das Reisedoku-
   ment, -e*
das Hotel, -s
das Schloss, ⸚er
das Ticket, -s
   der Ticketpreis, -e
das Viertel, -
   um Viertel vor/nach

das Visum, Visa

feminin (f)
die Burg, -en
die EC-Karte, -n
die Fahrt, -en
   die Zugfahrt, -en
die Jugendherberge, -n
die Kasse, -n
   die Reisekasse, -n
die Kreditkarte, -n
die Landkarte, -n
die Pension, -en
die Rundfahrt, -en
   die Stadtrundfahrt, -en
die Station, -en
   die U-Bahn-Station, -en

die Unterkunft, ⸚e
die Zwiebel, -n

Verben
ab|heben, hob ab,
   hat abgehoben
besichtigen
dauern
entdecken
kopieren
leihen, lieh, hat
   geliehen
sich lohnen
reisen
steigen, stieg, ist
   gestiegen
sich überlegen

Adjektive
bunt
direkt
geheim
   der Geheimtipp, -s
offiziell
   inoffiziell
schief
völlig
wach

Adverbien
außen
bar
   das Bargeld
innen
unbedingt

Das kann ich jetzt!

Eine Dauer ausdrücken
Mit dem Interrail-Ticket kann man bis zu einem Monat reisen.
Die Zugfahrt hat zehn Stunden gedauert.

einen Zeitpunkt angeben
Um wie viel Uhr fährt der Zug ab?
Um zwanzig nach sechs.
Um Viertel nach eins.

nach der Uhrzeit fragen
Wie spät ist es?
Es ist drei Uhr.

Verspätung ausdrücken
Tut mir leid, ich bin zu spät.

Besitz ausdrücken
Hast du einen Reiseführer?
Ja, ich habe einen.
Nein, ich habe keinen.

über die Vergangenheit sprechen
Hier gab es Cornflakes, Müsli, Joghurt ...
Um 9:30 waren wir am Stephansplatz.

Lernen lernen

Achte beim Lesen auf die Zeitangaben!   → B2
Beim Sprechen verwendet man meistens Perfekt! Manche Verben verwendet man aber im Präteritum.
Die musst du dir merken!   → B4

A Stadtrallye in Zürich

D Die Polybahn

C Der Hauptbahnhof

B Limmat, Blick auf das Rathaus

A Panorama

A1 BESPRECHEN

Was wisst ihr über Zürich?

Was erfahrt ihr von den Fotos über Zürich?

A2 LESEN

Stationen und Fotos: Ordnet zu.

Start ☐   Station 1 ☐☐   Station 2 ☐☐

Stadtrallye Gruppe 5	**Alexander-von-Humboldt-Gymnasium**
	Konstanz
Start: Zürich Hauptbahnhof	**Klasse 10**
	Klassenfahrt Zürich

Start: Zürich Hauptbahnhof
Auf der anderen Seite der Limmat liegt das Central (ein wichtiger
Verkehrsknotenpunkt in Zürich), hier beginnt auch die Fußgängerzone.

Station 1: Central, Polybahn
Hier ist die Polybahn. Sie wird auch Studentenexpress genannt. Wie lang ist die Bahnstrecke? _____
(Kauft euch Billets und ab aufs Perron! ☺ Viel Spaß!)

Station 2: Polyterrasse, ETH Zürich (**E**idgenössische **T**echnische **H**ochschule Zürich)
Ihr steht nun auf der Polyterrasse. An der ETH Zürich haben viele Nobelpreisträger studiert. Kreuzt die richtigen an!
☐ Albert Einstein   ☐ Max Planck   ☐ Willy Brand   ☐ Elfriede Jelinek   ☐ Wilhelm Conrad Röntgen   ☐ Günter Grass

A3 HÖREN

2/21

a) **Was ist richtig? Kreuze an.**
b) **Notiere die Lösungen der Aufgaben auf dem Aufgabenzettel in A2.**

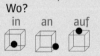

Lokale Präpositionen
Wo?
in   an   auf

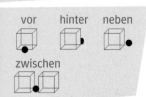

vor   hinter   neben

zwischen

1 Wo treffen sich alle um 13.00 Uhr?
 a Auf der Bahnhofbrücke.
 b In der Innenstadt.
 c Auf der Rathausbrücke.

2 Wo sind die Schüler zu Beginn der Rallye?
 a Vor dem Hauptbahnhof.
 b Im Hauptbahnhof.
 c Vor dem Rathaus.

3 Wie verläuft die Strecke von der Polybahn?
 a Zwischen dem Hbf und der ETH Zürich.
 b Zwischen dem Rathaus und der ETH Zürich.
 c Zwischen dem Central und der ETH Zürich.

4 Wo genau ist die Haltestelle von der Polybahn?
 a Auf dem Central-Platz.
 b In einem Gebäude am Central.
 c Hinter einem Gebäude.

5 Wo liegt die Polyterrasse?
 a Vor dem Hauptgebäude der ETH.
 b Hinter dem Hauptgebäude der ETH.
 c Neben einem Park.

Hast du nicht alle richtigen Antworten gefunden?
Lies die Aufgaben noch einmal und hör genau hin!

E Die Polyterrasse

F Die ETH Zürich

G Das Central

A4 GRAMMATIK

Markiere die Präpositionen in A3 und kreuze an.

Meine Regel

Lokale Präpositionen: *vor, hinter, neben, zwischen*

Wo? → mit ☐ **Dativ** ☐ **Akkusativ**

A5 GRAMMATIK

Wo ist was in Zürich? Ergänze mit Artikel.

hinter
vor   neben   zwischen

Wasserkirche   Großmünster

Hauptbahnhof   Central

Universitätsspital   ETH Zürich

St. Peterskirche

Gasthaus „Zum Storchen"

1 Wo liegt die Wasserkirche? _____ Großmünster.

2 Wo ist die Bahnhofbrücke? _____ Bahnhof und _____ Central.

3 Wo ist das Universitätsspital? _____ ETH Zürich.

4 Wo ist das Gasthaus „Zum Storchen"? _____ St. Peterskirche.

A6 WORTSCHATZ

Wie heißt das in Deutschland und in der Schweiz? Ergänze.

a der Bahnsteig   b das Perron

das Perron   das Billet
das Spital   die Fahrkarte
der Bahnsteig   das Krankenhaus

Nomen + Nomen
das Stadtzentrum =
die Stadt + das Zentrum

A7 AUSSPRACHE

'22

Wortakzent: Hör, markiere und sprich nach.

die Innenstadt = die Stadt, die Innenstadt
das Stadt|zentrum ‖ die Hoch|schule ‖ das Haupt|gebäude ‖
das Gast|haus ‖ der Haupt|bahnhof ‖ die Fußgänger|zone

Bei zusammengesetzten Wörtern:
Lies zuerst das letzte, dann das ganze Wort!

A8 SPRECHEN

Sucht euch einen Ort oder ein Gebäude.
Zeigt es eurem Partner/eurer Partnerin nicht.
Beschreibt diesen Ort in drei Sätzen.
Euer Partner/eure Partnerin rät.

Es ist in der Nähe von ...
auf der anderen Seite von ...
nicht weit von ...
rechts/links von ...
Es steht/liegt/ist zwischen ... und ...
hinter ...
neben ...
vor ...

Platz-spitz
Sihl
Schweizer Landesmuseum
Bahnhof
Central   ETH Zürich
Polybahn
Limmat
Lindenhof   Uni Zürich
Zentral-bibliothek
St. Peter   Rathaus   Kunsthaus Zürich
Großmünster
Paradeplatz
Fraumünster   Wasserkirche
Bellevue-Platz
Opernhaus
Zürichsee

Total verirrt! Wie peinlich!!!

Hast du das auch schon erlebt: Du möchtest irgendwohin gehen und auf einmal kennst du dich nicht mehr aus? Das kann ganz schön peinlich sein, weil du zu spät kommst oder deine Freunde sich über dich lustig machen! Kennst du solche Situationen? Wir haben einige Leser-E-Mails zu diesem Thema gesammelt!

1

Jörg, 17, Basel

Ich bin vor etwa einem halben Jahr mit meinen Eltern nach Basel umgezogen. Vorher habe ich in Lausanne gewohnt. Ich habe noch viel Kontakt zu meinen Freun-
5 den in Lausanne, obwohl ich jetzt so weit weg wohne. Vor Kurzem hat mich Beate, eine gute Freundin aus Lau-sanne, sogar hier in Basel besucht. Hab ich mich viel-leicht gefreut! Ich wollte ihr natürlich Basel zeigen, die Altstadt, die Sehenswürdigkeiten. Und am Abend wollten
10 wir in eine coole Kneipe gehen. Den Tipp hatte ich von Freunden, ich selbst war noch nie dort. Die Kneipe war in einem anderen Stadtviertel, gar nicht so weit weg. Wir sind also zu Fuß losgegangen. Irgendwann – nach einer halben Stunde vielleicht – habe ich mich nicht mehr aus-
15 gekannt. Das war so peinlich. Zum Glück konnte Beate darüber lachen. Die Kneipe haben wir nach langer Suche dann doch noch gefunden, aber das nächste Mal schaue ich besser vorher auf den Stadtplan!

2

Inga, 16, Würzburg

20 Am letzten Samstag hatte ich einen Auftritt mit meiner Theatergruppe, das war irgendwo in einem Jugendzentrum in der Stadt. Ich hatte sogar die Hauptrolle! Natürlich war ich sehr auf-geregt! Und ausgerechnet an dem Tag war mein
25 Fahrrad kaputt! Na ja, Petersstraße – das ist ja nicht so weit, habe ich gedacht. Also bin ich zu Fuß gegangen. Aber in der Petersstraße 34 war gar kein Jugendzentrum, sondern eine Bücherei! Ihr könnt euch vorstellen, ich war total in Panik.
30 Ich habe dann irgendeine Angestellte gefragt, und die hat mir gesagt, dass sich das Jugend-zentrum in der Theaterstraße befindet! Ich hatte eine falsche Adresse und habe Petersstraße und Theaterstraße verwechselt. Obwohl ich mich total
35 beeilt habe, bin ich natürlich viel zu spät gekom-men. Alle haben schon auf mich gewartet – wie peinlich. Vor lauter Aufregung habe ich dann noch meinen Text vergessen. Es war schrecklich.

3

Kai, 19, Berlin

40 Bei mir war es wohl: typisch Anfänger! Ich war ge-rade eine Woche in Berlin und musste zu meiner ersten Veranstaltung an die Uni. Obwohl ich den Weg vom Wohnheim zur Uni noch nicht genau kannte, habe ich keinen Stadtplan mitgenommen –
45 ist ja total uncool! Vor dem Wohnheim habe ich zufällig einen Freund getroffen. Ich habe ihn noch nach dem Weg gefragt und bin dann weitergegan-gen. Na ja, nach einer Stunde dachte ich mir: Die Gegend kennst du doch! Und wisst ihr was? Ich war
50 tatsächlich wieder bei meinem Wohnheim! Ich bin irgendwie im Kreis gelaufen! Aber was noch peinli-cher war: Ich habe den Freund wieder getroffen und der hat sich natürlich kaputtgelacht! Allein unterwegs in der Großstadt ☺!

 B1 BESPRECHEN

Schaut das Bild an und überlegt:
Wann habt ihr euch zum letzten Mal verirrt?
Wo? Was ist passiert?

B2 LESEN

Texte und Titel: Ordne zu.

Text
1 | a | Theaterauftritt im Jugendzentrum
2 | b | Verirrt auf dem Weg zur Uni
3 | c | Besuch aus Lausanne

B3 LESEN

Was ist wem passiert? Notiere: J (Jörg), I (Inga) oder K (Kai).

1 ☐ war neu in der Stadt.
2 ☐ ist umgezogen, aber hat noch Kontakt zu seinen alten Freunden.
3 ☐ hat in einem Theaterstück die Hauptrolle gespielt und war aufgeregt.
4 ☐ wollte einer Freundin viele Sehenswürdigkeiten in seiner Stadt zeigen.
5 ☐ musste an diesem Tag zu Fuß gehen.
6 ☐ hat einen Freund nach dem Weg gefragt.
7 ☐ konnte eine Kneipe nicht gleich finden.
8 ☐ findet Stadtpläne uncool.
9 ☐ hat das Jugendzentrum gesucht und eine Bücherei gefunden.
10 ☐ war es total peinlich: Zu spät gekommen und dann noch den Text vergessen!
11 ☐ war nach einer Stunde wieder an seinem Startpunkt und hat seinen Freund wieder getroffen!
12 ☐ war froh: Die Freundin hat das nicht so schlimm gefunden.

B4 WORTSCHATZ

Ergänze.

irgendwo   irgendwann   irgendeine   irgendwie

1 Jörg: _____ – nach einer halben Stunde vielleicht – habe
    ich mich gar nicht mehr ausgekannt.
2 Inga: Am letzten Samstag hatte ich einen Auftritt mit meiner Theatergruppe
    _____ in einem Jugendzentrum in der Stadt.
3 Inga: Ich habe dann _____ Angestellte gefragt.
4 Kai: Ich bin _____ im Kreis gelaufen!

> **Indefinitpronomen** *irgend-*
> irgend- = *Man weiß nicht genau./*
>   *Es ist nicht wichtig.*
> irgend- + *wo, wie, wann ...*
> irgend- + *ein, -e* (Plural: irgend*welche*)

B5 GRAMMATIK

> **Nebensatz mit** *obwohl*
> Ich bin zu spät gekommen,
> obwohl ich mich beeilt habe.

a) Ordne zu.

1 Ich habe noch viel Kontakt zu meinen Freunden in Lausanne,
2 Obwohl ich mich total beeilt habe,
3 Obwohl ich den Weg vom Wohnheim zur Uni noch nicht
  genau kannte,

a̲ habe ich keinen Stadtplan mitgenommen.
b̲ bin ich natürlich viel zu spät gekommen.
c̲ obwohl ich jetzt so weit weg wohne.

b) Markiere die Verben in B5a) und kreuze an.

Meine Regel | Nebensatz mit *obwohl* → Verb: ☐ **Position 2** ☐ **am Ende**

B6 SCHREIBEN

Ergänzt.

1 Obwohl ich mich in meiner Stadt sehr gut auskenne, ...
2 Ich habe bis 11 Uhr geschlafen, obwohl ...
3 Obwohl ich keinen Stadtplan lesen kann, ...
4 Ich bin heute zu spät gekommen, obwohl ...

B7 SCHREIBEN

a) Schreibt Satzanfänge auf Zettel.

Jonas trägt immer den blauen Pulli, obwohl ...

b) Tauscht die Zettel und ergänzt die Sätze.

Jonas trägt immer den blauen Pulli, obwohl ...
ihm blau gar nicht steht.

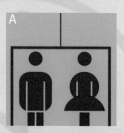   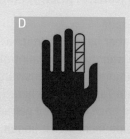 

A B C D E

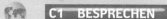

C1 BESPRECHEN

Was bedeuten diese Piktogramme? Wo habt ihr sie schon gesehen? Was ist wichtig bei einem Piktogramm?

C2 LESEN

a) **Vor dem Lesen: Schaut euch den Text kurz an und stellt W-Fragen zum Text.**

b) **Tauscht die Fragen mit euren Partnern und sucht nach den Antworten im Text.**
   Auf welche Fragen habt ihr keine Antworten bekommen?

Wie Piktogramme uns die Orientierung erleichtern

Punkt, Punkt, Komma, Strich – schon sehen wir ein Gesicht. Das
5 Prinzip von Piktogrammen: Einfache Bilder und Symbole zeigen Situationen, Sachen oder Menschen, warnen vor Gefahren oder zeigen uns Richtungen und Re-
10 geln. Ganz wichtig dabei: Piktogramme müssen so einfach sein, dass wir sie sofort verstehen – egal, ob wir in Japan, Russland, Australien oder Brasilien sind. „Wo finde
15 ich eine Toilette?", „Wie komme ich zum Flughafen?" oder „Wo bekomme ich Informationen über die Stadt?" Die Symbole sind in allen Ländern gleich. Das ist prak-
20 tisch, denn so können wir die Bedeutung sofort verstehen.

Doch woher kommt diese effektive Bildersprache? Einer der wichtigsten Grafiker des 20. Jahr-
25 hunderts war Otl Aicher (1922-1991). Er hat die „Kunst der Piktogramme" mit seinen Arbeiten sehr stark beeinflusst. Für die Olympischen Spiele 1972 in Mün-
30 chen hat er ein ganzes System von Strichmännchen erfunden und verschiedene Farben zur Orientierung im olympischen Dorf und zwischen den verschiedenen
35 Standorten in der Stadt eingesetzt. Diese Abbildungen von den olympischen Sportarten werden bis heute verwendet. Die einfache und klare Art der Zeichnungen
40 war sehr erfolgreich, danach hat man auch in anderen Bereichen das Prinzip der Einfachheit übernommen: Weniger ist mehr! Und für Piktogramme heißt das: Einfa-
45 cher ist besser!

C3 SPRECHEN

Wie orientiert ihr euch im Internet?

a) **Sammelt eure Lieblingsseiten zu diesen Themen.**

   – Informationen und Nachrichten
   – Kommunikation: E-Mail, Messenger, Chat
   – Spaß und Unterhaltung: Videos, Witze, Sport, Kino, Ausgehen
   – Internet- und Computerspiele
   – Für die Schule lernen

> Diese Seite ist total gut, weil ...
> Ich finde hier alles für ...
> Die Nachrichten lese ich immer auf ...
> Auf diese Seite gehe ich jeden Tag ...
> Hier finde ich alles ganz leicht, weil ...

b) **Stellt eure Seiten vor: Was gefällt euch auf diesen Seiten?**
   Gibt es auch im Internet Piktogramme oder Zeichen für bestimmte Informationen?

C4 SCHREIBEN

Wo ist die Orientierung noch wichtig?
Welche Piktogramme oder Zeichen gibt es da? Sammelt Ideen und Tipps für verschiedene Bereiche. Fasst sie auf Plakaten zusammen.

- Zeitungen, Zeitschriften
- Bücher
- Fernsehprogramm
- Einkaufen
- Orientierung beim Lernen
- ...

> In der Zeitung lese ich nur ...
> Das finde ich am besten so: ...
> Wir haben zu Hause 100 Fernsehsender!
> Ich finde aber immer den richtigen, weil ...
> Mein Tipp für die schnelle Orientierung beim Lernen: ...

GRAMMATIK

Lokale Präpositionen: *vor, hinter, neben, zwischen*
Wo? + Dativ

 (n) vor dem Rathaus

 (m) hinter dem Bahnhof

 (Pl) neben den Häusern

(f) zwischen der Hochschule und der Universität

Indefinitpronomen *irgend-*

irgend- = *Man weiß nicht genau./Es ist nicht wichtig.*	
irgend- + wo, wie, wann, wohin ...	Irgendwann – nach einer halben Stunde vielleicht – habe ich mich nicht mehr ausgekannt. Am letzten Samstag hatte ich einen Auftritt mit meiner Theatergruppe, das war irgendwo in einem Jugendzentrum in der Stadt.
irgend- + ein, -e ⚠ **Plural:** irgendwelche	Ich habe dann irgendeine Angestellte gefragt.

Konzessiver Nebensatz mit *obwohl*

Hauptsatz			Nebensatz mit *obwohl*		
Position 1	**Position 2**	**...**	**Position 1**	**...**	**am Ende**
Ich	*habe*	*noch viel Kontakt zu meinen Freunden in Lausanne,*	*obwohl*	*ich jetzt so weit weg*	*wohne.*

WORTSCHATZ

Nomen

maskulin (m)
der Anfänger, -
der Beginn, nur Sg.
der Stadtplan, ⸚e
der Start, -s

neutral (n)
das Billett, -s 🇨🇭
das Gasthaus, ⸚er
das Perron, -s 🇨🇭
das Rathaus, ⸚er
das Spital, ⸚er 🇨🇭
das Stadtviertel, -
das Wohnheim, -e

feminin (f)
die Altstadt, ⸚e
die/der Angestellte, -n
die Aufregung, -en
die Brücke, -n
die Bücherei, -en
die Gegend, -en
die Hochschule, -n
die Innenstadt, ⸚e
die Kirche, -n
die Panik, nur Sg.
die Situation, -en
die Strecke, -n
  die Bahnstrecke, -n
die Universität, -en
  die Uni, -s

Verben
an|kreuzen
sich aus|kennen,
  kannte sich aus,
  hat sich ausge-
  kannt
lachen (über Akk.)
los|gehen, ging los,
  ist losgegangen
um|ziehen, zog um,
  ist umgezogen
sich verirren
verlaufen, verlief, ist
  verlaufen
verwechseln

Adjektive
aufgeregt
peinlich
schrecklich
technisch
zufällig

Adverbien
auf einmal

Das kann ich jetzt!

sagen, wo sich jemand/etwas befindet
Wir sind jetzt direkt vor dem Hauptbahnhof.
Die Haltestelle der Polybahn ist in einem Gebäude am Central.

einen Ort beschreiben
Es ist in der Nähe von .../auf der anderen Seite von .../nicht weit von .../rechts von .../links von ...
Es steht/liegt/ist zwischen ... und .../hinter .../neben .../vor ...

eine Entfernung angeben
Die nächste Station ist nicht weit von hier.
Die Kneipe war in einem anderen Stadtviertel, gar nicht so weit weg.

eine Situation erklären
Obwohl ich mich total beeilt habe, bin ich zu spät gekommen.

Lernen lernen

Hast du nicht alle richtigen Antworten gefunden? Lies die Aufgaben noch einmal und hör genau hin! → A3
Bei zusammengesetzten Wörtern: Lies zuerst das letzte, dann das ganze Wort!   → A7

34 Wohnen

A Die erste eigene Bude

 A1 BESPRECHEN

Schaut die Fotos an: Was passiert? Bildet Hypothesen.

A2 LESEN

Beantworte die Fragen in Stichwörtern.

Abschnitt

1 Wer ist Paul? Was möchte er? Was ist sein Problem?
2 Wo ist seine neue Wohnung? Wie ist sie? Und was kostet sie insgesamt?
3 Was muss Paul vor dem Umzug machen? Was braucht er noch?
4 Wer hilft Paul beim Umzug? Was macht er danach?
5 Was möchte Paul noch kaufen? Wer hilft ihm?

A3 WORTSCHATZ

a) Lies die Definitionen und ordne zu.

die Garage   der Mietvertrag   das Konto

der Briefumschlag   ~~die Lehre~~

der Balkon   der Schlüssel   das Gehalt

1 Das sagt man auch zur Berufsausbildung: _die Lehre_
2 Dieses Geld bekommt man jeden Monat für seine Arbeit: _____
3 Wenn man zu Hause ist und die Sonne scheint, sitzt man oft hier: _____
4 Hier kann man sein Auto parken: _____
5 Hier zahlt man auf der Bank sein Geld ein: _____
6 Dokument mit allen wichtigen Informationen zur Wohnung: _____
7 Damit kann man seine Wohnung aufmachen: _____
8 Wenn man jemandem einen Brief schicken möchte, braucht man: _____

Nomen mit -ung
die Wohnung
die Heizung
die Renovierung
die Rettung

> *Merk dir: Alle Nomen mit -ung sind feminin!*

b) Welches Verb passt? Ordne zu.

1 eine Lehre _beenden_
2 Miete _____
3 einen Mietvertrag _____
4 eine Wohnung _____
5 in eine neue Wohnung _____

unterschreiben   zahlen   renovieren   beenden   einziehen

Die erste eigene Bude!

Das ist Paul Gunsenheimer. Er ist 19 und sehr glücklich, weil er im Juli seine Lehre als KFZ-Mechatroniker beendet hat. Paul hat neulich sein erstes Gehalt bekommen, und gleich hat er das
5 nächste Ziel: Er will endlich eine eigene Bude! Doch so einfach ist das nicht, denn Paul hat nämlich nicht viel Geld. Und obwohl seine Eltern ihm am Anfang finanziell helfen wollen, ist Wohnen ein ziemlich teurer Spaß!
10 Bis Oktober musste Paul aber noch suchen. Erst dann hat er eine passende Wohnung ganz in der Nähe von seinen Eltern gefunden. Für eine Zweizimmerwohnung mit Balkon und Garage muss er 400 Euro Miete zahlen. Der Mietvertrag
15 ist lang, aber Paul merkt schnell, dass zur Miete noch andere Kosten wie Wasser, Strom und Heizung kommen – noch mal 80 Euro im Monat wandern vom Konto.
Am 1. November hat Paul den Mietvertrag unter-
20 schrieben und die Schlüssel bekommen. Zum ersten Mal hat er eine eigene Bude! Die ist aber noch alles andere als cool. Und weil Paul erst mal keinen Urlaub bekommt, muss er am Abend und am Wochenende seine Wohnung renovieren
25 – leider ohne seine Freunde und Eltern! Sie haben irgendwie alle keine Zeit … Nach drei Wochen ist er mit der Renovierung fertig! Jetzt fehlen nur Möbel und ein paar kleinere Sachen für die Wohnung! Bei der Küche hat Paul Glück.
30 Noch vor seinem Geburtstag schenken ihm seine Eltern die Küchenmöbel. In den Zeitungs-anzeigen findet er ein Bett und einen Schreib-tisch; einen Stuhl bekommt er sogar gratis dazu. Danach geht Paul ins Kaufhaus: Geschirr, Be-
35 steck, Töpfe. Und schon ist Paul wieder um 300 Euro ärmer …
Umzugstag! Pünktlich um 9 Uhr sind Pauls Freunde bei ihm. Auch Pauls Eltern sind dabei. Wie gut, dass sein Vater und er Kisten besorgt
40 haben. Die meisten haben sie im Supermarkt kostenlos bekommen. Von 9 bis 12 Uhr helfen alle mit, und es geht wirklich schnell! Zum Mit-tagessen gibt es Kartoffelsalat mit Würstchen von Frau Gunsenheimer. Eine Woche später:
45 Paul ist eingezogen und hat sich auch schon bei allen Nachbarn höflich vorgestellt.
Bei dem ganzen Stress in den letzten Wochen weiß Paul nicht mehr: Wie viel Geld hat er ei-gentlich noch auf seinem Konto? Ein bisschen
50 muss doch auf jeden Fall noch für einen DVD-Player übrig bleiben. Mist, nur noch 300 Euro! Die Rettung: Oma kommt zu Besuch! Für sie bäckt er sogar seinen ersten Kirschkuchen. Oma findet die Wohnung prima und gibt Paul einen Briefumschlag … „Oma, du bist die Beste!"

A4 GRAMMATIK

Ergänze die Präpositionen *für, ohne, mit*.

1 Paul mietet eine Wohnung _____ einem Balkon und einer Garage.
2 _____ Wasser, Strom und Heizung bezahlt Paul _____ seine Woh-nung 400 Euro.
3 Paul renoviert seine Wohnung _____ seine Freunde.
4 Umzugstag! Paul zieht _____ seinen Freunden und Eltern um.
5 Pauls Mutter macht Kartoffelsalat _____ Würstchen _____ alle.
6 _____ einen DVD-Player soll noch Geld übrig bleiben.
7 Paul bäckt einen Kuchen _____ seine Oma.

Modale Präpositionen
für + Akkusativ
ohne + Akkusativ
mit + Dativ

A5 GRAMMATIK

a) Lest die Antworten und stellt passende Fragen.

● *Wann beendet Paul seine Lehre?*
■ *Im Juli.*

Wann …? Bis wann …? Wie lange …? Um wie viel Uhr …?

1 Im Juli.
2 Bis Oktober.
3 Am 1. November.
4 Am Abend und am Wochenende.
5 Nach drei Wochen.
6 Vor seinem Geburtstag.
7 Um 9 Uhr.
8 Von 9 bis 12 Uhr.
9 Zum Mittagessen.

Fragewort *bis wann?*
Bis wann musste Paul noch warten?
Bis Oktober.

Temporale Präposition *zu* + Dativ
Zum Mittagessen gibt es Kartof-felsalat mit Würstchen.

b) Ordnet zu.

Meine Regel

Temporale Präpositionen

am   im   um

Uhrzeiten → [a]
13 Uhr, Mitternacht/…
Monate/Jahreszeiten/… → [b]
Januar/Sommer/…
Datum/Tageszeiten/Wochentage/… → [c]
2. Februar/Morgen/Montag/…

A6 SPRECHEN

Fragt und antwortet. A5 hilft!

Zimmer putzen
wecken
frühstücken
lange aufbleiben
den Computer benutzen
ausgehen
aufstehen
schlafen gehen

● *Um wie viel Uhr weckt dich deine Mutter?*
■ *Um sieben Uhr.*

● *Wie lange putzt du dein Zimmer?*
■ *Eine Viertelstunde, länger nicht.*

B1 SPRECHEN

Schaut euch die A-Seite noch einmal an. Was hat Paul schon alles gemacht und gekauft für seine Wohnung? Sammelt.

B2 LESEN

Worum geht es im Text? Ergänze.

Hi Kerstin,
muss noch meine Kisten auspacken und die Wohnung einrichten. Hast du am So vielleicht Zeit? Ich lade dich dann zum Essen ein.
☺☺ LG Paul

1 Paul schreibt eine _____ an _____
2 Er schreibt ihr, dass _____
3 Er möchte, dass sie _____

B3 WORTSCHATZ

Was kennt ihr? Was nicht? Findet die Möbel und die anderen Gegenstände auf den Bildern.

das Bett   das Regal   die Lampe   der Fernseher   das Kissen

der Stuhl   der Tisch   das Buch   der Teppich   der Lautsprecher   der Spiegel

der Schrank   die Couch   das Handtuch   der Topf   der Koffer   die Decke   die Kiste

B4 SPRECHEN

Schaut die Bilder an: Fragt und antwortet.

Wo	sitzen	Paul und Kerstin?
	stehen	der Teppich/der Fernseher/der Spiegel/die Lautsprecher/Kisten mit ...?
	liegen	der Koffer/die Bücher/die Handtücher?
	hängt	die Lampe?

■ *Wo steht der Teppich?*
● *An der Wand.*

Lokale Präpositionen
Wo?
in, an, auf, hinter, neben, vo...
zwischen + Dativ

Lokale Präpositionen
Wo?
unter
über   + Dativ

Verben mit Präpositionen + Da...
stehen   hängen
liegen   sitzen

Wo steht der Fernseher?
Neben dem Tisch.

B5 GRAMMATIK

Wo sind der Koffer und die Lampe? Bilde zwei Sätze.

1 Der Koffer
2 Die Lampe

hängt   dem Tisch. (2x)   liegt

über   unter

B6 HÖREN

**Was machen Paul und Kerstin? Wie ist die richtige Reihenfolge?
Notiere.**

☐ den Koffer aufräumen
☐ den Fernseher anmachen
☐ den Spiegel aufhängen

☐ die leeren Kisten sammeln
☐ die Kisten auspacken
☐ den Teppich hinlegen

☐ die Lampe aufhängen
☐ Kuchen essen und Cola trinken

Achte beim Hören auf die Geräusche!

B7 HÖREN

Paul und Kerstin: Was machen sie? Wohin stellen, legen ... sie die Gegenstände? Ergänze.

1 Kerstin und Paul stellen den Fernseher _____ das Bett.
2 Paul legt die Handtücher _____ den Schrank.
3 Paul legt den Koffer _____ das Bett.
4 Paul hängt die neue Lampe _über_ den Tisch.
5 Paul hängt den Spiegel _____ die Wohnungstür.
6 Kerstin und Paul legen den Teppich _____ das Bett und die Zimmertür.
7 Kerstin setzt sich _____ die Couch.

unter
hinter   in
zwischen   auf
über   vor

> Verben mit Präpositionen + Akkusativ
> stellen   hängen
> legen   sich setzen
>
> *Wohin hängt Paul die neue Lampe?*
> *Über den Tisch.*

B8 GRAMMATIK

Kreuze an.

Meine Regel

Lokale Präpositionen (Wechselpräpositionen)
in, an, auf, vor, hinter, neben, über, unter, zwischen

Wo? Präposition → ☐ **Dativ** ☐ **Akkusativ**
Wohin? Präposition → ☐ **Dativ** ☐ **Akkusativ**

B9 AUSSPRACHE

Wortgruppenakzent und Pausen: Hör die Sätze aus B7 und sprich sie nach.

1 Kerstin und Paul stellen den Fernseher I vor das Bett.
2 ...

> *Wortgruppen spricht man ohne Pausen! Zwischen den
> Wortgruppen kann man eine kleine Pause machen!*

B10 SPRECHEN

Macht Kärtchen mit *Wo?* oder *Wohin?* und Gegenständen. Fragt und antwortet.

Wo steht dein Schreibtisch zu Hause?

Am Fenster.

Wohin soll ich deine Bücher stellen?

Stell sie doch ins Regal!

Wo? Wohin? Wo? Wohin? Wo?

C1 WORTSCHATZ

**Sammelt Gegenstände zu jedem Thema: Schmuck, Sport ... Ihr habt drei Minuten Zeit:
Welche Gruppe sammelt die meisten Wörter?**

Schmuck	Sport	Kleidung	Technik	Musik	Schule
Kette	Tennisschläger	...			

C2 LESEN

Welche Gegenstände sind das? Notiere.

Dieser Gegenstand ...

1 erinnert ihn/sie an eine Person: B die Kette   _____
2 erinnert ihn/sie an seine/ihre Kindheit: _____   _____
3 erinnert ihn/sie an bestimmte Ereignisse: _____   _____
4 begleitet ihn/sie fast immer: _____   _____

Mein Lieblingsding

Wir benutzen es jeden Tag, fassen es an, schauen es an – und können ohne es nicht leben! Jugendliche aus ganz Deutschland haben Fotos von ihrem Lieblingsding gemacht und erklärt: Was bedeutet dieser Gegenstand für sie? – Nach einer Umfrage des Goethe Instituts

A   Tim (17) Die Eintrittskarte zum Halbfinale der UEFA Champions League ist eine tolle Erinnerung an eine sehr erfolgreiche Saison. Das Spiel gegen Manchester United war der absolute Höhepunkt.

B   Daniele (18) Diese Kette war früher der Lieblingsgegenstand meiner Mutter. Ich hatte Liebeskummer, deshalb hat sie sie mir geschenkt. Wenn ich sie trage, denke ich immer an meine Mutter.

C   Sinje (19) Meine Brille begleitet mich täglich und überall hin. Sie ist immer so nah und oft und lange bei mir wie kaum ein anderes Objekt. Das ist mein persönliches Tor zur Welt, zum Leben!

D   Sven (16) Mein Lieblingsding ist mein alter Tennisschläger. Ich habe ihn seit fünf Jahren! Jetzt spiele ich nicht mehr mit ihm, aber bei Turnieren ist er immer dabei. Er ist mein Glücksbringer.

E   Eva (15) Mein Lieblingsgegenstand ist mein Skizzenblock. Als Kind habe ich sehr gern gezeichnet und gemalt. Hier sind meine besten Bilder.

F   Stefanie (15) Mein Stofftier ist genauso alt wie ich, nämlich 15 Jahre. Ich habe es zu meiner Geburt geschenkt bekommen. Ob zu Omas Geburtstag, in den Urlaub oder in den Kindergarten – früher hatte ich es immer dabei. Inzwischen musste ich es schon mehrmals reparieren.

G   Constantin (17) Die Uhr ist mein Lieblingsgegenstand, weil sie mich an meinen Opa erinnert. Meine Großmutter gab sie mir, weil ich keine hatte und immer zu spät gekommen bin.

H   Thorsten (18) Meine wunderschönen ausgelatschten Schuhe habe ich schon seit zwei Jahren und trage sie fast jeden Tag! Ich habe sie noch nie geputzt oder repariert, aber sie halten immer noch!

C3 SCHREIBEN

**Was sind deine Lieblingsdinge? Warum sind sie so wichtig für dich?
Mach Fotos oder mal Bilder und schreib kleine Texte dazu.**

GRAMMATIK

Wechselpräpositionen: *in, an, auf, vor, hinter, neben, über, unter, zwischen*

Wohin? **Präposition** + Akkusativ		Wo? **Präposition** + Dativ	
Paul stellt den Teppich	hinter **den** Stuhl.	Der Teppich steht	hinter **dem** Stuhl.
	zwischen **das** Bett und **die** Tür.		zwischen **dem** Bett und **der** Tür.
	an **die** Wand.		an **der** Wand.
	neben **den** Tisch.		neben **dem** Tisch.
Paul legt die Bücher	unter **den** Tisch.	Die Bücher liegen	unter **dem** Tisch.
	in **die** Kisten.		in **den** Kisten.
	vor **das** Regal.		vor **dem** Regal.
Paul hängt die Lampe	über **den** Tisch.	Die Lampe hängt	über **dem** Tisch.
Kerstin setzt sich	auf **die** Couch.	Kerstin sitzt	auf **der** Couch.

Verben mit Wechselpräpositionen

Regelmäßige Verben + Akkusativ	Unregelmäßige Verben + Dativ
stellen	stehen, stand, hat gestanden
legen	liegen, lag, hat gelegen
hängen	hängen, hing, hat gehangen
sich setzen	sitzen, saß, hat gesessen

Wortbildung: Nomen mit *-ung*
die Wohnung
die Renovierung

Fragewort *bis wann?*
Bis wann musste Paul noch warten?
Bis Oktober.

Temporale Präposition *zu* **+ Dativ**
Zum Mittagessen gibt es Kartoffelsalat mit Würstchen.
auch so: zum Geburtstag/zur Hochzeit/...
⚠ zu Weihnachten/Ostern/...

WORTSCHATZ

Nomen
maskulin (m)
der Balkon, -e
der Briefumschlag, ⁼e
der Gegenstand, ⁼e
der Koffer, -
der Lautsprecher, -
der Schlüssel, -
der Spiegel, -
der Teppich, -e
der Umzug, ⁼e
der Vertrag, ⁼e
    der Mietvertrag, ⁼e

neutral (n)
das Datum, Daten
das Gehalt, ⁼er
das Kissen, -
das Konto, Konten
das Tuch, ⁼er
    das Handtuch, ⁼er

feminin (f)
die Bude, -n
die Couch, -s
die Decke, -n
die Garage, -n
die Lehre, -n

die Miete, -n
die Mitternacht, ⁼e
die Renovierung, -en
die Rettung, nur Sg.
die Viertelstunde, -n
die Wand, ⁼e

Verben
an|machen
auf|bleiben, blieb auf,
    ist aufgeblieben
aus|packen
beenden
ein|richten

ein|zahlen
ein|ziehen, zog ein,
    ist eingezogen
hängen, hing, hat ge-
    hangen
legen
mieten
renovieren
schenken
sich setzen
stellen
unterschreiben, un-
    terschrieb, hat un-
    terschrieben

wecken

Adjektive
arm
finanziell
leer
übrig
    übrig bleiben

Adverbien
gratis
insgesamt
neulich

Das kann ich jetzt!

eine Dauer ausdrücken
Bis Oktober musste Paul aber noch suchen.
Nach drei Wochen ist Paul mit der Renovierung fertig.
Von 9 bis 12 Uhr helfen alle mit!

einen Zeitpunkt angeben
zum Mittagessen

jemanden einladen
Ich lade dich dann zum Essen ein.

sagen, wo sich etwas befindet
Der Fernseher steht neben dem Tisch.
Die Bücher liegen vor dem Regal.

eine Richtung angeben
Kerstin stellt den Fernseher vor das Bett.
Paul hängt den Spiegel hinter die Wohnungstür.

Lernen lernen

Merk dir: Alle Nomen mit *-ung* sind feminin!	→ A3
Achte beim Hören auf die Geräusche!	→ B6
Wortgruppen spricht man ohne Pausen! Zwischen den Wortgruppen kann man eine kleine Pause machen!	→ B9

A Familienkonflikte ade!

Was ist wichtig in deinem Leben?

1	97% _____
2	89% _____
3	89% _____
4	83% _____
5	81% _____

Quelle: nach Daten der 15. Shell-Jugendstudie, 2006

A1 BESPRECHEN

a) Was ist wichtig in eurem Leben? Ergänzt die Grafik. Macht eine Umfrage in der Klasse.

b) Vergleicht eure Ergebnisse mit den Ergebnissen in der Shell-Jugendstudie. Was überrascht euch?

1: Freunde; 2: Familie; 3: autonom sein; 4: kreativ sein; 5: fleißig sein

A2 LESEN

Wer spricht worüber? Notiere M (Manuela) oder A (Alexander).

1 Freunde ☐   4 Geschwister ☐
2 Rituale in der Familie ☐   5 Freizeit ☐
3 Haushalt ☐

Jugendliche erzählen X@ct, was ihnen ihre Familie bedeutet.

Manuela, 16: Ich lebe in einer Großfamilie. Ich habe sechs Geschwister. Mein
5 ältester Bruder ist 20 und meine jüngste Schwester ist zwei. Da ist immer etwas los ☺. Manchmal frage ich mich schon, wie meine Eltern das alles so schaffen und warum alles so gut funktioniert.
10 Ich denke, es liegt daran, dass jeder seine Pflichten hat. Alle müssen im Haushalt mithelfen: Meine Mutter ist da sehr streng. Klar ist es nervig, wenn ich nach dem Essen erst einmal die Küche aufräu-
15 men muss. Dafür hat Mama dann aber auch schon für uns gekocht.
Oder wenn die Kleinen wieder einmal frech sind und nur Unsinn machen, dann schimpfen wir mit ihnen oder wir ärgern
20 sie ein bisschen ☺. Das hört sich jetzt so schrecklich an, ist es aber gar nicht. Es gibt nämlich auch die andere Seite. Wenn die Kleinen weinen oder traurig sind, können wir „Großen" sie ganz gut trösten.
25 Oder wenn meine Eltern mal

ausgehen, dürfen sie ein bisschen länger aufbleiben.
Tja, und wenn ich Probleme habe, gehe ich immer erst zu meinen älteren Ge-
30 schwistern. Mit ihnen kann ich über alles reden. Ich habe zu ihnen eine Beziehung wie andere zu ihren besten Freunden. Überhaupt finde ich, dass es etwas ganz Besonderes ist mit Geschwistern. Einsam
35 fühle ich mich zu Hause nie.

Alexander, 17: Ich bin Einzelkind mit Hund ☺. Meine Eltern sind beide Zahnärzte und arbeiten viel. Sie haben daher nicht so viel Zeit, aber wenn etwas ist,
40 dann sind sie für mich da. Egal, worum es geht: Schule, Freunde oder Fußball ☺. Ich finde es ziemlich cool, dass ich mich so gut mit ihnen verstehe. Da geht es nicht mehr darum, dass die Eltern etwas ver-
45 bieten oder erlauben, es ist eher wie eine Freundschaft. Deshalb finde ich es auch nicht so wichtig, wie oft man sich sieht.

Und ehrlich gesagt, habe ich auch nicht so viel Zeit für meine Eltern. Ich spiele re-
50 gelmäßig Handball und Tennis. Einmal die Woche habe ich noch Klavierunterricht. Das Klavierspielen ist auch der einzige Stress mit meinen Eltern. Sie meinen nämlich immer, ich soll mehr üben ☺.
55 Da sind sie ziemlich uncool. Und dann sind da auch noch meine Freunde aus der Handballmannschaft. Wir sind eine richtig aktive Clique und unternehmen viel zusammen.
60 Zu Hause habe ich eigentlich nur wenige Pflichten – außer Klavier üben ☺ und mit Benno Gassi gehen.
Allerdings gibt es zwei Rituale in unserer Familie: Am Sonntag frühstücken wir ge-
65 meinsam, egal wann ich Samstagabend nach Hause gekommen bin ☹ – und am Freitagnachmittag spiele ich mit meinem Vater Tennis. Mal gewinnt er, mal ich – wie bei Freunden.

A3 LESEN

Wer sagt das? Ordne zu und notiere M (Manuela) oder A (Alexander).

1. ☐ Meine Eltern müssen mir nichts mehr verbieten oder erlauben,
2. ☐ Ich habe eigentlich keine Pflichten:
3. ☐ Meine kleinen Geschwister sind manchmal frech.
4. ☐ Meine Eltern sind sehr beschäftigt.
5. ☐ Wenn die „Kleinen" weinen,
6. ☐ In meiner Familie helfen alle im Haushalt mit,
7. ☐ Das gemeinsame Frühstück am Sonntag ist
8. ☐ Über meine Probleme spreche ich

a deshalb funktioniert es so gut.
b Dann schimpfe ich mit ihnen oder ich ärgere sie ein bisschen.
c dann können die „Großen" sie trösten.
d mit meinen älteren Geschwistern.
e Aber sie helfen mir, egal was los ist.
f mit ihnen ist es eher wie in einer Freundschaft.
g Ich muss nur Klavier üben und mit dem Hund Gassi gehen.
h ein wichtiges Ritual in meiner Familie.

> Nomen mit -*schaft*
> die Freundschaft
> die Mannschaft

Merk dir: Alle Nomen mit -schaft sind feminin!

A4 WORTSCHATZ

a) Ergänze.

1. wichtig ⟷ <u>unwichtig</u>
2. traurig ⟷ _____
3. cool ⟷ _____
4. streng ⟷ _____

5. einsam = _____
6. nervig = _____
7. schrecklich = _____

schlimm
uncool
anstrengend
froh
locker   allein
<u>unwichtig</u>

> Adjektive mit -*ig*, -*lich*, -*isch*
> traurig, schrecklich, chaotisch

> Adjektive mit *un*-
> ☺ uncool, unwichtig

b) Welches Verb passt?

1. Unsinn <u>machen</u>
2. mit Freunden viel _____

3. _____ einsam _____
4. am Abend länger _____

sich fühlen
aufbleiben
machen
unternehmen

A5 GRAMMATIK

Lies das Beispiel und kreuze an.

W-Frage:		Wie schaffen meine Eltern das alles so?
Indirekte Frage:	Manchmal frage ich mich,	wie meine Eltern das alles so schaffen.

 Meine Regel

Indirekte Frage → Verb: ☐ **Position 2** ☐ am Ende

A6 SPRECHEN

a) Schreibt für eure Partner fünf W-Fragen und tauscht die Zettel.

Wie viele Geschwister hast du?
Wer kümmert sich bei dir um den Haushalt?
...

> der Haushalt, -e
> das Problem, -e
> das Ritual, -e
> die Pflicht, -en
> die Geschwister, nur Pl.
> ...

b) Eure Partner berichten.

Luca will wissen, wie viele Geschwister ich habe. Ich habe eine Schwester. Sie ist zwei Jahre jünger als ich.

Luca will/möchte wissen, ...
fragt, ...

Radio deutsch.com

Nachrichten / Wetter: 0.00, 2.00, 4.00–10.00 (jede Stunde)
12.00, 13.00, 15.00, 20.00

6.05	Musik vor dem Alltag
8.05	deutsch.com@work
8.55	Verkehr
9.00	Eurojournal
9.30	Buch- und Kinotipps
10.05	Ungewöhnliche Lebenssituationen
	Heute: Mit 16 allein zu Hause
12.05	5 nach 12: Kultur
13.05	Klassik-Boulevard
14.00	Domino
14.04	Computer und Netz
15.25	deutsch.com Top 40
…	

Hörfunk-Tipps
10.05 Uhr:
Ungewöhnliche Lebenssituationen

Mit 16 allein zu Hause

Normalerweise ziehen Kinder von zu Hause aus und die Eltern bleiben zurück. Bei Lina ist das Gegenteil passiert: Ihre Mutter ist letztes Jahr weggezogen.

Seitdem wohnt Lina allein zu Hause. In der Sendung erzählt Lina über ihre Wohnsituation: wie es dazu kam, was schwer war und wie sie sich heute fühlt.

B1   BESPRECHEN

a) **Lest den Hörfunk-Tipp: „Ungewöhnliche Lebenssituationen". Wer ist Gast? Warum?**
b) **Was meint ihr? Wie lebt Lina? Worüber freut sie sich? Was fällt ihr schwer? Bildet Hypothesen.**
c) **Was meint ihr zu Linas Situation?**

2/25

B2   HÖREN

Was ist richtig? Kreuze an.

1 Linas Eltern
  a sind geschieden.
  b haben sich getrennt, da war Lina 10 Jahre alt.
  c sind zusammen nach Hamburg gezogen.

2 Lina wollte
  a zuerst mit nach Hamburg.
  b nicht von ihren Freunden weg.
  c mit ihren Freunden zusammen wohnen.

3 Am Anfang hat Lina
  a oft das Putzen vergessen.
  b sich nie alleine gefühlt.
  c sich eine „Denk-dran"-Liste geschrieben.

4 Lina
  a kann heute super kochen.
  b isst unter der Woche immer das Gleiche.
  c schreibt heute immer noch alles auf eine Liste.

5 Wenn Lina krank ist,
  a kommt ihr Vater.
  b kümmert sich ihre Mutter um sie.
  c fährt sie zu ihrer Mutter.

6 Lina
  a versteht sich jetzt besser mit ihrer Mutter.
  b streitet sich noch häufig mit ihrer Mutter.
  c ist im Haushalt noch nicht sehr ordentlich und fleißig.

7 Lina und ihre Mutter
  a laden Linas Freunde sehr oft ein.
  b telefonieren einmal die Woche.
  c unternehmen an den Wochenenden viel gemeinsam.

8 Lina fühlt sich heute
  a allein.
  b erwachsen.
  c verlassen.

B3   WORTSCHATZ

Ordne zu.

Aktivitäten im Haushalt	Aktivitäten in der Freizeit
Blumen gießen	

auf eine Party gehen

putzen

Blumen gießen

Spaziergänge machen

ins Theater/Konzert gehen

Inliner fahren

Lebensmittel einkaufen

Wäsche waschen

B4 GRAMMATIK

a) Lies die Beispiele. Was ist anders? Markiere.

Ja.

Ja/Nein-Frage: Hat sich durch diese Wohnsituation etwas in der Familie geändert? Nein.

Indirekte Frage: Kannst du mir sagen, ob sich durch diese Wohnsituation etwas in der Familie geändert hat?

b) Ergänze.

W-Wort

ob

Meine Regel	Direkte Frage	Indirekte Frage
	W-Frage →	mit ☐ a
	Ja/Nein-Frage →	mit ☐ b

B5 GRAMMATIK

Was fragt der Reporter? Schreib indirekte Fragen.

Der Reporter:

Der Reporter fragt/will wissen,

1 Warum wohnst du allein? — *warum Lina allein wohnt.*
2 Warum wolltest du nicht nach Hamburg ziehen? _____
3 Was war für dich am Anfang besonders schwierig? _____
4 Hast du die „Denk-dran"-Liste immer noch? _____
5 Fühlst du dich nicht manchmal allein? _____
6 Was hast du bei Problemen gemacht? _____
7 Wie fühlst du dich heute? _____

B6 BESPRECHEN

Indirekte Frage: Übersetzt die Sätze 1 und 5 in B5 und vergleicht. Was ist ähnlich, was ist anders?

B7 AUSSPRACHE

26

a) Satzakzent: Hör, markiere und sprich nach.
b) Satzmelodie: Hör, markiere und sprich nach.

1 Was war am Anfang besonders schwierig für dich? ↘
Erzähl doch mal →, was am Anfang besonders schwierig
für dich war. ↘

2 Gehst du am Samstag mit auf eine Party? ☐
Meine Freunde fragen oft ☐, ob ich am
Samstag mit auf eine Party gehe. ☐

B8 SPRECHEN

Hörfunk-Tipp bei Radio deutsch.com : Ihr seid die Reporter.

a) Überlegt euch in der Gruppe Fragen.
b) Präsentiert eure Fragen im Plenum.

Wir fragen/möchten wissen, ...

Radio deutsch.com

Hörfunk-Tipps
10.05 Uhr:
Ungewöhnliche Lebenssituationen

6.05 ...
9.30 ...

Meine Eltern sind Promis

Mikes Eltern sind beide prominent. Seine
Mutter ist Schauspielerin und sein Vater ist
Moderator.
Mike erzählt uns ...

A

B

C1 BESPRECHEN

a) Schaut die Fotos an. Kennt ihr diese Personen? Was wisst ihr über ihre Karriere oder Familie?

b) Lest den Titel des Zeitungsartikels. Was ist das Thema?

Promi – Geschwister:
Konkurrenz oder Harmonie?

1 Ralf Schumacher – ewiger Zweiter

Ralf Schumacher, sechseinhalb Jahre jünger als Michael, ist auch Rennfahrer. Doch „Schumi II" hat immer im Schatten von seinem berühmten
5 Bruder Michael gestanden. „Ich habe es in der Formel 1 immer schwer gehabt, weil ich der Bruder vom erfolgreichsten Piloten in der Geschichte bin." Dabei ist Ralf nach seinem Bruder der erfolgreichste deutsche Formel-1-Rennfah-
10 rer! Auf der Sympathieskala steht der ältere Bruder jedoch immer noch weiter vorn. „Michael und ich sind eben verschiedene Typen."

2 Ann-Carolin Schiffer – Claudias wenig bekannte Schwester

15 Die Situation in der Familie von Topmodel Claudia Schiffer ist anders als bei den Schumachers. Die fünf Jahre jüngere Ann-Carolin möchte nicht im Rampenlicht stehen. Sie hat Wirtschaft studiert und ist damit sehr zufrieden. Über den Erfolg ihrer
20 großen Schwester freut sie sich sehr. Sie besucht Claudia regelmäßig. „Claudia ist die Ruhige, ich ärgere mich schnell über Sachen," sagt Ann-Carolin. „Trotzdem: Wir sind die besten Freundinnen."

C2 LESEN

Beantwortet die Fragen.

1 Welche Beziehung haben Ralf und Ann-Carolin zu ihren älteren prominenten Geschwistern?

2 Vergleicht: Was ist ähnlich? Was ist anders?

C3 SCHREIBEN

a) Macht eine Recherche im Internet. Sucht andere bekannte Promi-Geschwister.
   Womit beschäftigen sich die Geschwister? Wie verstehen sie sich? Schreibt einen kurzen Text dazu.
   Sucht ein passendes Foto.

b) Macht eine Collage in der Klasse.

GRAMMATIK

Indirekte Fragen mit Fragewort: *wer, was, wie, warum, wie ...*

W-Frage:	Wie schaffen meine Eltern das alles so?	
Einleitung	**Indirekte Frage mit Fragewort**	**am Ende**
Manchmal frage ich mich/will/ möchte ich wissen,	*wie* | *meine Eltern das alles so*	*schaffen.*

Indirekte Fragen mit *ob*

Ja/Nein-Frage:	Hat sich durch diese Wohnsituation etwas in der Familie geändert?	
Einleitung	**Indirekte Frage mit** *ob*	**am Ende**
Kannst du mir sagen,	*ob* | *sich durch diese Wohnsituation etwas in der Familie*	*geändert hat?*

Wortbildung: Nomen mit *-schaft*
die Freundschaft
die Mannschaft

Wortbildung: Adjektive mit *un-*
☺   ☹
cool –   uncool
wichtig – unwichtig

WORTSCHATZ

Nomen
maskulin (m)
der Haushalt, -e
der Konflikt, -e
  der Familienkonflikt, -e
der Unsinn, nur Sg.
  Unsinn machen

neutral (n)
das Einzelkind, -er
das Gegenteil, nur Sg.
das Ritual, -e

feminin (f)
die Beziehung, -en (zu Dat.)
  eine (gute) Beziehung haben

die Clique, -n
die Freundschaft, -en
die Großfamilie, -n
die Pflicht, -en
die Wäsche, *hier:* nur Sg.

Plural (Pl)
die Lebensmittel

Verben
sich an|hören
  es hört sich (schrecklich) an
ärgern
aus|ziehen, zog aus, ist ausgezogen
erlauben

sich fühlen
funktionieren
gehen (um Akk.), ging, ist gegangen
  es geht um ...
gießen, goss, hat gegossen
liegen (an Akk.), lag, hat gelegen
  es liegt daran, dass ...
reden (mit Dat./über Akk.)
schimpfen (mit Dat.)
sich sehen, sahen sich, haben sich gesehen
sich trennen
trösten
unternehmen, e→i, unternahm, hat unternommen

verbieten, verbot, hat verboten
weinen
ziehen, zog, ist gezogen
zurück|bleiben, blieb zurück, ist zurückgeblieben

Adjektive
autonom
beschäftigt
egal
ehrlich
  ehrlich gesagt
erwachsen
fleißig
ganz
  mit der ganzen Familie

getrennt
geschieden
gewöhnlich
  ungewöhnlich
häufig
locker
nervig
ordentlich
prominent
streng

Adverbien
allerdings
daher
dazu
normalerweise

Das kann ich jetzt!

meine Familiensituation beschreiben
Ich lebe in einer Großfamilie. Ich habe sechs Geschwister.
Ich bin Einzelkind.

ein Geschehen ausdrücken
Da ist immer etwas los.

Unzufriedenheit ausdrücken
Klar ist es nervig, wenn ich nach dem Essen erst einmal die Küche aufräumen muss.

eine Meinung ausdrücken
Überhaupt finde ich, dass es etwas ganz Besonderes ist mit Geschwistern.
Und ehrlich gesagt, habe ich auch nicht so viel Zeit für meine Eltern.

eine Situation erklären
Meine Eltern sind für mich da, egal, worum es geht: Schule, Freunde oder Fußball.
Am Sonntag frühstücken wir gemeinsam, egal, wann ich Samstagabend nach Hause gekommen bin.

indirekte Fragen stellen/formulieren
Kannst du mir sagen, ob sich durch diese Wohnsituation etwas in der Familie geändert hat?

direkte Fragen wiedergeben
Luca will wissen, wie viele Geschwister ich habe.
Der Reporter fragt, warum Lina allein wohnt.

Lernen lernen

Merk dir: Alle Nomen mit *-schaft* sind feminin!   → A3

36 Feste

A Geschenke, Geschenke!

A

B

C

A1 BESPRECHEN

Wie wichtig sind Geschenke für euch? Was schenkt ihr am liebsten? Wann schenkt ihr eurer Familie oder euren Freunden etwas?

A2 HÖREN

2/27

Teil 1: Was sagt die Reporterin? Ergänze.

1 Noch 40 Tage bis ...

2 Radio deutsch com hat ... gefragt.

A3 HÖREN

2/28

a) Teil 2: Was sagt Andreas? Kreuze an.

1 Andreas schenkt
 a nichts, weil er kein Geld hat.
 b seinen Geschwistern nichts.

2 Andreas will seiner Mutter ein Buch schenken,
 a aber er weiß nicht, was sie schon gelesen hat.
 b denn er weiß, was sie gern liest.

3 Andreas schenkt seinem Vater einen Kinogutschein.
 a Der Vater
 b Andreas   wählt den Film aus.

4 Andreas findet Geschenke kaufen stressig, weil er
 a keine Zeit hat.
 b wenig Ideen für Geschenke hat.

5 Andreas wünscht sich
 a einen MP3-Player.
 b Kopfhörer.

b) Teil 3: Wer sagt was? Notiere J (Julia) oder R (Rea).

2/29

1 ☐ macht Geschenke am liebsten selbst: Schmuckdosen, Mäppchen für Stifte.
2 ☐ schenkt normalerweise nur Kleinigkeiten.
3 ☐ hat mit ihrer Familie ausgemacht, dass Geschenke nichts kosten dürfen.
4 ☐ bastelt für alle ihre Freundinnen manchmal das gleiche Geschenk.
5 ☐ schreibt ihrem Freund ein Gedicht.
6 ☐ macht ihrer Familie eine Freude: schenkt mehr Zeit, hilft im Haushalt.
7 ☐ wünscht sich etwas Selbstgemachtes.
8 ☐ weiß nicht genau, was sie sich wünscht.

Vor dem Hören: Markiere die Schlüsselwörter in den Aufgaben!

A4 GRAMMATIK

Lies die Sätze und ergänze.

Verben mit zwei Objekten

Wer?		Dativ Wem?	Akkusativ Was?
Ich	kaufe	meiner Mutter	ein Buch.
Ich	kaufe	ihr	ein Buch.

auch so: schenken, schreiben, geben, zeigen, schicken, bringen, ...

Wer? (Person)	Verb	Wem? (Person)	Was? (Sache)
Ich	kaufe	meiner Mutter	ein Buch.

Ich kaufe meiner Mutter ein Buch.   Ich schenke meinen Geschwistern nichts.

Ich schreibe meinem Freund ein Gedicht.

A5 BESPRECHEN

Verben mit zwei Objekten: Übersetzt und vergleicht: Was ist ähnlich, was ist anders?

Ich kaufe meiner Mutter ein Buch.

A6 SCHREIBEN

Wer schenkt wem was in deiner Familie zu Weihnachten/zum Geburtstag ...?
Was schenkst du deinem Freund/deiner Freundin? Schreib möglichst viele Sätze.
Achte auf die richtige Verbform.

Ich	schenken	meiner Freundin/ihr	einen Gutschein
Meine Mutter/Schwester/...	geben	meinem Freund/ihm	ein Buch
Mein Vater/Bruder/...	kaufen	meiner Mutter	eine Schmuckdose
Meine Großeltern	schicken	meinen Geschwistern	neue Kopfhörer
	...	meinem Vater	Geld
		mir	...
		...	

Meine Großeltern schenken meinem Vater
immer ein Buch zum Geburtstag.

A7 AUSSPRACHE

/30

Satzakzent: Hör, markiere und sprich nach.

1 Ich kaufe meiner Mutter ein Buch und keinen Kinogutschein.
2 Ich kaufe meiner Mutter ein Buch und nicht drei (Bücher).
3 Ich kaufe meiner Mutter ein Buch und nicht meinem Opa.
4 Ich kaufe meiner Mutter ein Buch und nicht mein Bruder.

> *Betone die wichtigste Information*
> *im Satz und mach eine kurze Pause danach.*

A8 SPRECHEN

Macht eine Umfrage in der Klasse: Top-Geschenke.

a) **Was wünscht ihr euch selbst? Notiert drei Wünsche.**
b) **Fragt in der Klasse und macht eine Statistik: Was wünschen sich**
    Mädchen und Jungen in eurer Klasse am meisten?

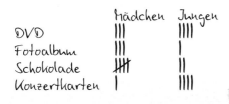

Was wünschst du dir zu
Weihnachten/zum Geburtstag/
zu ...?

Ich wünsche mir ...

> der Gutschein, -e
> das Fotoalbum, -alben
> die Sonnenbrille, -n
> die Konzertkarte, -n

A

B

C

PARTY? MACHEN WIR JETZT SELBST

Wenn man als Jugendlicher in einen Klub will, muss man am Türsteher vorbei oder man schminkt sich älter. In Hamburg schicken Lynn, Lasse, Jannik und Maxi alle Erwachsenen vor die Tür – nur bis zu 18 Jahren darf man in den
5 **„Underage Club". Von Jana Ditz, 17.**

❶ Es ist Freitagabend, 18 Uhr, über Hamburg lacht noch die Sonne – aber hier, im „Kir" im Stadtteil Altona, ist schon ziemlich viel los. Im „Kir" ist heute die „I Scream – Underage Disco". Das heißt: kein Alkohol, keine Zigaretten und vor allem keine Er-
10 wachsenen – nur 18-Jährige dürfen gerade noch hinein, mit 19 ist schon Schluss. Kein Bier und keinen Schnaps gibt es hier, dafür aber Cola, Tomatensaft, weiße oder rote Limonade. Auch rauchen darf man hier nicht.
Die Liveband „Beat! Beat! Beat!" tritt auf, außerdem macht auch
15 das DJ-Team „I used to dance with my daddy" Tanzstimmung. 150 Jugendliche sind gekommen und das „Kir" ist richtig voll.

❷ Die Hamburger Gymnasiasten Lynn, Lasse, Jannik und Maxi – alle zwischen 14 und 16 Jahre alt – hatten die Idee. „Dass aus der Idee wirklich ein so großes Projekt entsteht, davon hat kei-

Underage = (engl.) minderjährig, weniger als 18 Jahre alt
„I Scream" (engl. „Ich schreie") ähnlich wie „Ice cream" (engl. Eis)
Beat = (engl.) Rhythmus
„I used to dance with my daddy" = (engl.) Ich habe (früher) mit meinem Papa getanzt.

B1 BESPRECHEN

Seht die Bilder an und lest den Flyer: Was ist das für eine Veranstaltung? Sammelt Ideen und Details.

B2 LESEN

a) Lest die Einleitung (Zeilen 1–5). Stimmen eure Ideen aus B1? Vergleicht.
b) Abschnitte und Titel: Ordnet zu.

Abschnitte

1	a	Die Organisation
2	b	Die Idee
3	c	Heute ist Underage-Disco

B3 LESEN

Such Informationen im Text zu diesen Wörtern. Notiere Stichwörter.

Underage-Party	Gastgeber
Eintritt	Kir
Musik	Werbung
Gäste	Getränke

Fasse den Text mit deinen eigenen Worten zusammen! So verstehst du den Text besser.

Underage-Party:
bis 18, kein Alkohol
...

D

E

20 ner von uns auch nur geträumt", sagt Jannik. Und los ging es mit dem Organisationsstress:
Eine Partylocation – das ist nicht ganz billig. Für den ersten Underage-Club haben die Jugendlichen mithilfe ihrer Eltern das Geld zusammen gekriegt. Für die Getränke wollen sie
nicht so viel Geld verlangen. Eine Cola kostet 1,50 Euro. Dafür müssen die Gäste fünf Euro
Eintritt bezahlen. Die Liveband für diesen Abend haben sie bei Myspace gefunden. Um die
25 Bar müssen sie sich nicht kümmern, auch den Raum bereitet der Clubbesitzer für sie vor.

❸ „Wir sind eigentlich schon ein altes Team", sagt Maxi. Trotzdem sind die vier vor einer
„I-Scream"-Party immer noch sehr aufgeregt. Sie machen auch ordentlich Werbung, verteilen
Flyer und geben Interviews, denn sie wollen natürlich, dass die Bude auch richtig voll wird!
Am Party-Tag selbst müssen sie im „Kir" alles vorbereiten: Sie schauen, dass mit Licht, Musik-
30 anlage und Bühne alles stimmt. Außerdem überlegen sie sich das Programm für den Abend:
„I used to dance with my daddy", das sind die vier selbst! Wenn alles fertig ist, begrüßen sie
die ersten Gäste – Lynn, Lasse, Jannik und Maxi sind schließlich Gastgeber und es kommen
viele ihrer Freunde.
Die Jugendlichen finden ihre „I-Scream"-Partys klasse, „Auch Eltern lieben uns!", sagt Lasse
35 stolz.

Partylocation = (engl., auch dt.) Raum für die Party
Myspace = Internetportal für soziale Netzwerke

B4 GRAMMATIK

a) Markiere die Verben in den kursiven Sätzen.

1 Es ist Freitagabend, *aber im Kir ist schon viel los.*
2 Eine Liveband tritt auf, *außerdem macht ein DJ-Team Tanzstimmung.*
3 Sie wollen natürlich, *dass die Bude auch richtig voll ist.*

b) Schreib Sätze mit diesen Konjunktionen.

Die Jugendlichen sind immer noch aufgeregt, obwohl sie ein altes Team sind.

weil denn oder wenn
sondern obwohl
trotzdem deshalb und

c) Vergleich deine Sätze mit den Sätzen in a).
Bei welchen Konjunktionen hat das Verb die gleiche Position?

B5 SCHREIBEN

a) Schreibt einen Forumsbeitrag zur „Underage-Party".
b) Tauscht eure Beiträge. Schreibt eine Reaktion auf den
Forumsbeitrag von einer anderen Gruppe.

Wir finden diese Idee gut/nicht so gut, weil ...
Wir denken, dass ...
Wenn man feiern will, muss man ...
Ihr habt recht, das ist ...
Damit sind wir nicht einverstanden, ...

❶ „Kölle Alaaf" und „Helau"

Am 11.11. um 11:11 Uhr beginnt die 5. Jahreszeit – bis zum Aschermittwoch (40 Tage vor Ostern) herrschen die Narren und die Jecken – vor allem im Rheinland. Karneval hat viele Farben und verschiedene Traditionen, aber vor allem ist das eine lustige Zeit zum Feiern, Lachen und Singen!

Besonders bunt sind die letzten Tage vor Beginn der Fastenzeit. Bereits am Donnerstag (Weiberfastnacht) tragen viele Leute Kostüme und feiern auf der Straße und in den Kneipen. An diesem Tag haben übrigens die Frauen die Macht: Als Symbol dafür schneiden sie den Männern die Krawatten ab.

Der Rosenmontag ist traditionell der Tag der Karnevalsumzüge. Reich geschmückte Motivwagen, Fußgruppen in originellen Kostümen und Musikkapellen ziehen auf einem bestimmten Weg durch die Straßen

und grüßen die Zuschauer mit den Karnevalsrufen ihrer Stadt, z.B. „Kölle Alaaf" in Köln und „Helau!" in Mainz.

❷ „Drey scheenschte Dääg"

Wenn in Deutschland der Karneval bereits vorbei ist, geht es in der Schweiz erst richtig los: Am Montag nach Aschermittwoch beginnt die Basler Fasnacht. Sie dauert exakt 72 Stunden, deshalb spricht man auch von den „drey scheenschte Dääg", den drei schönsten Tagen.

Pünktlich um 4.00 Uhr morgens ziehen die Fasnächtler in kleinen

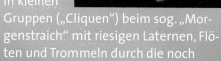

Gruppen („Cliquen") beim sog. „Morgenstraich" mit riesigen Laternen, Flöten und Trommeln durch die noch dunkle Stadt. Jede Clique trägt ein anderes Kostüm – und eine andere Maske, denn die Tradition will, dass man die einzelnen Personen nicht erkennt! Die

Zuschauer hingegen haben – anders als in Deutschland – kein Kostüm. Der Dienstagabend gehört den Guggenmusik-Gruppen. Sie laufen durch das Stadtzentrum und sorgen mit ihren Blechblasinstrumenten für Stimmung.

🌐 C1 BESPRECHEN

a) Schaut die Bilder an: Welche Karnevalstraditionen aus den deutschsprachigen Ländern kennt ihr schon? Feiert ihr in eurem Land Karneval? Wie?

b) Karneval-Fasching-Fas(t)nacht: Was meint ihr, warum gibt es verschiedene Namen für Karneval?

C2 LESEN

Ergänze das Karnevals-ABC.

❶ **Rheinland: z.B. Mainz, Köln**
   Beginn: Am ⓐ um ⓑ Uhr.
   Dauer: Bis zum ⓒ .
   Umzüge: In den meisten Karnevalsstädten am ⓓ .
   Karnevalsrufe: in Köln: ⓔ , in Mainz: ⓕ .

❷ **Basler Fasnacht:**
   Beginn: Am ⓐ um ⓑ Uhr.
   Dauer: ⓒ Stunden.
   Teilnehmer: ⓓ mit Kostümen und Masken und ⓔ .
   Unterschiede zum Rheinland: ⓕ .

C3 SCHREIBEN

a) Wählt einen traditionellen Karnevalsort in den deutschsprachigen Ländern oder in der ganzen Welt.

b) Sucht Informationen und Bilder in Zeitschriften, Büchern oder im Internet und macht ein Poster.

   Wo?   Wann?   Was passiert?   Was ist interessant?

Düsseldorf	Cádiz
Bern	Venedig
Liechtenstein	New Orleans
Barranquilla	Rio de Janeiro

GRAMMATIK

Verben mit zwei Objekten (Dativ + Akkusativ)

Wer? (Person)	Verb	Dativ: **Wem? (Person)**	Akkusativ: **Was? (Sache)**
Ich	*kaufe*	*meiner Mutter*	*ein Buch.*
Ich	*kaufe*	*ihr*	*ein Buch.*

auch so: schenken, schreiben, geben, zeigen, schicken, bringen, ...

Konjunktionen

Hauptsatz 1	Hauptsatz 2			
	Position 0	Position 1	Position 2	...
Eine Liveband tritt auf, **auch so:** trotzdem, deshalb		*außerdem*	*macht*	*ein DJ-Team Tanzstimmung.*
Es ist Freitagabend, **auch so:** denn, und, sondern, oder	*aber*	*im „Kir"*	*ist*	*schon viel los.*

Hauptsatz	Nebensatz			
	Position 1	Position 2	...	am Ende
Die Jugendlichen sind vor jeder Party immer noch aufgeregt, **auch so:** weil, wenn, dass	*obwohl*	*sie*	*ein altes Team*	*sind.*

WORTSCHATZ

Nomen

maskulin (m)
der Alkohol, *hier:* nur Sg.
der Gastgeber, -
der Gutschein, -e
der Gymnasiast, -en
der Klub, -s
der Kopfhörer, -
der Schluss, *hier:* nur Sg.
der Schnaps, ̈e

neutral (n)
das Bier, nur Sg.
das Fotoalbum, -alben

das Licht, -er
das Mäppchen, -
das Stadtteil, -e

feminin (f)
die Bühne, -n
die Freude, nur Sg.
die Kleinigkeit, -en
die Limonade, -n
die Organisation, -en
die Schmuckdose, -n
die Stimmung, -en
  Stimmung machen
die Werbung, nur Sg.

die Zigarette, -n

Verben
auf|treten, trat auf, ist
  aufgetreten
begrüßen
entstehen, entstand, ist
  entstanden
kriegen
  zusammenkriegen
rauchen
sich schminken
verlangen
verteilen

Adjektive
voll

Adverbien
schließlich
vorbei

Das kann ich jetzt!

eine Bitte/Aufforderung äußern
Kann ich euch ein paar Fragen stellen?
Ja, klar!

gute Wünsche ausdrücken
Frohe Weihnachten!
Viel Freude beim Schenken!

nach Wünschen fragen
Was wünschst du dir zu Weihnachten?

eigene Wünsche äußern
Ich wünsche mir ein Fotoalbum.

Lernen lernen

Vor dem Hören: Markiere die Schlüsselwörter in den Aufgaben!	→ A3
Betone die wichtigste Information im Satz und mach eine kurze Pause danach.	→ A7
Fasse den Text mit deinen eigenen Worten zusammen! So verstehst du den Text besser.	→ B3

Wortliste nach Lektionsseiten

Die chronologische Wortliste enthält die Wörter dieses Buches mit Angaben der Seiten, auf denen sie zum ersten Mal vorkommen.
Der aktive Wortschatz ist normal gesetzt, der passive Wortschatz ist *kursiv* ausgezeichnet.

Seite 10

der Nachbar, -n
der Promi, -s (= der Prominente)
geboren
(das) Berlin
die Theaterrolle, -n
der Kinofilm, -e
fett
vorbei
die Größe, -n
m (der Meter, -)
die Augenfarbe, -n
das Sternzeichen, -
der Ski, -er
das Französisch
der Cinefact, -s (engl.)
der Treff, -s
das Offtopic, -s (engl.)
der Schneeball, ⸚e
bekannt
der Filmstar,-s
der Sportler, -
der Moderator,-en
erzählen
euer-
VIP, -s (= engl. very important person)
die Hauptrolle, -n
die Nähe (nur Singular)
höflich
der Star, -s
arrogant
der Fall, ⸚e: auf jeden Fall
überhaupt
übrigens
das Theaterstück, -e
eher
neugierig
besprechen
anschauen
der Text, -e

solch-
ankreuzen
das Profil, -e
der Forumsbeitrag, ⸚e
interessieren
markieren
das Fragewort, ⸚er
die Negation (nur Singular)
das Verb, -en
das Adjektiv, -e
das Nomen, -
negativ
der Artikel, -

Seite 11

die Grammatik (nur Singular)
ergänzen
vor allem
unser-
der Kabarettist, -en
persönlich
der Auftritt, -e
witzig
korrekt
intelligent
das Leben, -
grüßen
wahrscheinlich
übersetzen
der Satz, ⸚e
vergleichen
ähnlich
der Wortschatz (nur Singular)
zuordnen
komisch
chaotisch
sich vorstellen
die Aussprache (nur Singular)
der Wortakzent, -e
nachsprechen
die Endung, -en

unbetont
wählen
die Person, -en
die Notiz, -en
mischen
der Zettel, -
vorlesen
der Fußballspieler, -
der Witz, -e
ironisch
nervös

Seite 12

das Aussehen (nur Singular)
das Outfit, -s
ausprobieren
die Hilfe, -n
meinen
die Frisur, -en
glatt
lockig
bequem
der Stil, -e
der Anzug, ⸚e
jemand
der Tipp, -s
offen
der Vorschlag, ⸚e
der Kommentar, -e
die Hotline, -s
beantworten
die Stilistin, -nen
die Blogadresse, -n
gar
ändern
verschieden
der Akkusativ, -e
die Reihenfolge, -n
das Thema, Themen
die Haarfarbe, -n

Seite 13

dünn
hellbraun
die Kontaktlinse, -n
gehören
passen
die Hochzeit, -en
das Date, -s
der Dativ, -e
die Meinung, -en
möglichst
die Stilistenstunde, -n
die Zeitschrift, -en
der Katalog, -e
legen
aussuchen
beschreiben
raten
etwa
fantastisch

Seite 14

der Buchstabe, -n
sich testen
niemals
ehrlich
manch-
das Schulfest, -e
der Mittelpunkt, -e
vorher
die Modezeitschrift, -en
modisch
direkt
schauen
selbstsicher
fröhlich
spontan
ruhig
ängstlich
kreativ
nichts
das Computerspiel, -e
der Musikunterricht (nur Singular)
das Lied, -er
meist-
das Ergebnis, -se
kommunikativ
weiter
optimistisch

der Mensch, -en
spannend
völlig   vocab test!!.

Seite 16

die Gesundheit (nur Singular)
die Gesundheitsmesse, -n
(das) Wels
das Besondere
die Messe, -n
der Check, -s
der Stand, ⸚e
der Reaktionstest, -s
das Ergebnis, -se
das Infoblatt, ⸚er
die Zahnspange, -n
schlimm
schief
der Besucher, -
die Gymnastik (nur Singular)
speziell
der Rücken, -
puh
die Mitarbeiterin, -nen
mehrer-
die Creme, -s
das Gesicht, -er
solch-
das Kosmetikprodukt, -e
unglaublich
der Profi, -s
vegetarisch
das Gericht, -e
das Kochbuch, ⸚er
der Sohn, ⸚e
der Koch, ⸚e
tauschen
kommentieren
wow
die Eintrittskarte, -n
probieren

Seite 17

die Aussage, -n
die W-Frage, -n
die Position, -en
das Perfekt (nur Singular)
regelmäßig
das Hilfsverb, -en

das Partizip, -ien
oh
tausend
ah
rufen
sich merken
würfeln
kontrollieren
bilden
der Punkt, -e

Seite 18

haatschi
die Grippe, -n
überlegen
der Hörtext, -e
der Kopfschmerz, -en
das Fieber (nur Singular)
der Schnupfen, -
furchtbar
der Arztbesuch, -e
das Fußballtraining (nur Singular)
die Tablette, -n
der Kamillentee, -s
der Infinitiv, -e

Seite 19

die Regel, -n
die Bewegung, -en
unregelmäßig
heiß
baden
einzig-
der Spaziergang, ⸚e
der Nette, -n
die Mathelehrerin, -nen
das Pech (nur Singular)
sauer
schädlich
tja
schwach
vorsichtig
raus
der Kasten, ⸚
die Besserung (nur Singular)
das Mitleid (nur Singular)
das Medikament, -e
der Tropfen, -
der Rat (nur Singular)

der Roman, -e
das Puzzle, -s

Seite 20

der Psychologe, -n
die Situation, -en
die Lachtherapeutin, -nen
(das) München
erleben
das Lachen (nur Singular)
drittens
peinlich
verkehrt
herum
unangenehm
kitzeln
das Muss (nur Singular)
die Medizin (nur Singular)
Dr. (= der Doktor)
(das) Indien
die Lachmedizin (nur Singular)
sich treffen
der Grund, ⸚e
das Motto, -s
niemand
das Rezept, -e
psychologisch
der Trick, -s
das Rollenspiel, -e
das Yoga (nur Singular)
der Fitmacher, -
hahaha
aktivieren
der Muskel, -n
reduzieren
die Aerobic-Übung, -en
gegen
die Depression, -en
der Lachklub, -s
davon
der Lach-Yoga-Spezialist, -en
der Humor (nur Singular)
imaginär
das Tarzan-Lachen (nur Singular)
der Weltlachtag, -e
der Urlaub, -e
die Nachricht, -en
der Abschnitt, -e
das Schlüsselwort, ⸚er

erfinden
der Lachkurs, -e
das Werbeplakat, -e
dazu
recherchieren
die Werbung (nur Singular)
das Samstagslachen (nur Singular)
hihihi
organisieren
das Lach-Treffen, -
der Stadtpark, -s
das Dampflokomotive-Lachen (nur
   Singular)
das Hühner-Lachen (nur Singular)
das Rasenmähen-Lachen (nur
   Singular)
das Löwen-Lachen (nur Singular)
vorbeikommen
der Treffpunkt, -e

Seite 22

die Jugend (nur Singular)
trainieren
das Olympia (nur Singular)
weltgrößte
der Schulsportwettbewerb, -e
jährlich
rund (= ca.)
das Sporttalent, -e
die Sportart, -en
das Badminton (nur Singular)
der Beach-Volleyball (nur Singular)
das Geräteturnen (nur Singular)
das Hockey (nur Singular)
das Judo (nur Singular)
die Leichtathletik (nur Singular)
das Rudern (nur Singular)
der Skilanglauf (nur Singular)
das Tischtennis (nur Singular)
die Bundesfinalveranstaltung, -en
das Frühjahrsfinale, -
das Herbstfinale, -
das Winterfinale, -
wechselnd
der Wettkampf, ⸚e
positiv
der Wert, -e
der Teamgeist (nur Singular)
das Fairplay (nur Singular)

das Stichwort, ⸚er
teilnehmen
stattfinden
(das) Lübeck
gestern
zusehen
mitspielen
der Platz, ⸚e
erreichen
der Organisator, -en
der Ex-Profi-Sportler, -
der Sportminister, -
der Gewinner, -
die Badehose, -n
die Schwimmbrille, -n
anmelden
die Mannschaft, -en
verlieren

Seite 23

die Perfekt-Form, -en
trennbar
untrennbar
das Tagebuch, ⸚er
die Jungen-Mannschaft, -en
juhu
damit
na ja
mal sehen
der Sportexperte, -n
die Sportexpertin, -nen
das Sportereignis, -se
eurem
das Heimatland, ⸚er
das Tennis Open, -
(das) Wimbledon
die Fußballweltmeisterschaft, -en
das Eishockey (nur Singular)
das Turnen (nur Singular)
die Formel 1 (nur Singular)
das Skifliegen (nur Singular)
das Eislaufen (nur Singular)
das Boxen (nur Singular)
das Rugby (nur Singular)
formulieren
das Finale, -
das Halbfinale, -
das Endspiel, -e
der Partner, -

die Artistik (nur Singular)
der Cliffhanger, -
das Quad, -s
die Quad-Bahn, -en
das Motorrad, ⸚er
der Freestyle-Fahrer, -
die Luft, ⸚e
das Neonlicht, -er
der Quad-Freestyle-Profi, -s
interviewen
das Freestyle-Quad, -s
das Freestyle-Motocross, -e
testen
ca. (= circa)
halb
damals
die Motocross-Zeiten (nur Plural)
irgendwo
gefährlich
(das) Moritzburg
eben
das Spielzeug, -e
das Verletzungsrisiko, -s
die Extremsportart, -en
versuchen
der Unfall, ⸚e
zum Glück
leicht
verletzt
aktuell
der Termin, -e
die Internetseite, -n
www (= engl. World Wide Web)
erfolgreich
unfallfrei
das Gespräch, -e
daran
der Titel, -
das Interview, -s
das Quadfahren (nur Singular)
das Risiko, Risiken

Seite 25

organisieren
fotografieren
gratulieren
das Camp, -s
der Preis, -e

vermissen
die Überraschungsparty, -s
das Fotoalbum, -alben
präsentieren
setzen
die Homepage, -s
FC (= der Fußballklub, -s)
der FC Karlsruhe
snowboarden
das Snowboard, -s
der Stadionbesuch, -e
der FC Bayern München

Seite 26

die Strophe, -n
die Einheit, -en
die Welle, -n
brechen
stoppen
lachend
wäre
der Refrain, -s
mitfiebern
folgen
jmdm. (jemandem)
der Schritt, -e
der Tritt, -e
mitgehen
sei
dabei
abheben
denn
sich verstecken
mitten
drin
dass
grad (= gerade)
was (= etwas)
die Stimmung, -en
die Atmosphäre, -n
explodieren
erleuchtet
der Schrei, -e
schreien
die Menge, -n
toben
die Gasse, -n
strahlen
schwenken

hin
her
bewegen
hüpfen
springen
schenken
bedeuten
das Thermometer, -
das Meer, -e
der Jubel (nur Singular)
der Siedepunkt, -e
die Fahne, -n
die Emotion, -en
die Fan-Collage, -n
das Autogramm, -e
das Ticket, -s
die Literatur (nur Singular)
der Fan, -s
vorstellen
die Collage, -n
das Plenum, Plenen
der Spitzname, -n
das Trikot, -s
FC Liverpool

Seite 28

die Fremdsprache, -n
senden
sollen
tun
gleich-
(das) Sevilla
verbessern
die Sprachkenntnisse (Plural)
der Ausländer, -
der Spanier, -
das Zertifikat, -e
sich anschauen
das Original, -e
der Untertitel, -
das Internetradio, -s
der MP3-Player, -
der Text, -e
schwierig
der Satz, ⸚e
abschreiben
zuhören
aussprechen
mehrmals

die Lateinklassenarbeit, -en
der Mitschüler, -
unterrichten
der Fehler, -
korrigieren
nachschlagen
das Wörterbuch, ⸚er
die Methode, -n
drücken
der Daumen, -

Seite 29

die Wortfamilie, -n
das Lernen (nur Singular)
das Modalverb, -en
das Thema, Themen
der Französischunterricht (nur
   Singular)
die Wortliste, -n
der Aufsatz, ⸚e
das Gedicht, -e
aufsagen
der Zettel, -
aufhängen
das Anziehen (nur Singular)
die Einkaufsliste, -n
übersetzen
die Butter (nur Singular)
der Reis (nur Singular)
der Wein, -e

Seite 30

der Stammtisch, -e
die Kneipe, -n
dabei
der Treffpunkt, -e
die Hauptstraße, -n
die Wörterbuchdefinition, -en
das Ähnliche
reserviert
der Gast, ⸚e
regelmäßig
worüber
die Muttersprache, -n
(das) Göttingen
der Hauptsatz, ⸚e
denn

Seite 31

weitergeben
weiterschreiben
die Reiseleiterin, -nen
die Satzmelodie, -n
bedeuten
das Redemittel, -
die Sprechblase, -n
festlegen
nachspielen
die Freundin, -nen
kompliziert
reagieren
der Imbiss, -e
bestellen

Seite 32

romantisch
klingen
schrecklich
die Lösung, -en
verwenden
der Internetnutzer, -
europäisch
offiziell
die Europäische Union (EU)
der Europäer, -
(das) Europa
(das) Arabisch
ausgehen von
(das) Chinesisch
die Million, -en
(das) Hawaiisch
(das) Isländisch
tabu
das Komitee, -s
modern
zuletzt
(das) Gälisch
(das) Bulgarisch
(das) Rumänisch
dazukommen
das Parlament, -e
vortragen
der Dolmetscher, -
gleichzeitig
der Surfer, -
der Nutzer, -
die Vatikanstadt (nur Singular)

die Monarchie, -n
das Oberhaupt, ⸚er
der Papst, ⸚e
das Mittelalter (nur Singular)
der Araber, -
(das) Portugal
(das) Spanien
der Alkohol (hier: nur Singular)
der Zucker (nur Singular)
(das) Taiwan
(das) Singapur
(das) Hindi
der Sprecher, -
(der) Nordwesten (nur Singular)
(das) Wales
jeweils
der Dialekt, -e
(das) Luxemburg
(das) Burkina Faso
(das) Sao Paulo
(das) Norwegisch
(das) Linz

Seite 34

die Schulgeschichte, -n
die Schulbiografie, -n
bereits
am liebsten
die Grundschule, -n
der Sportunterricht (nur Singular)
die Junioren-Fußballmannschaft, -en
die Jugendmannschaft, -en
die Realschule, -n
das Ziel, -e
der Fußballprofi, -s
trotzdem
erst einmal
der Realschulabschluss, ⸚e
der Bankkaufmann, -leute
die Ausbildung, -en
der Traum, ⸚e
die Realität, -en
der Profifußballer, -
aktiv
die Natur (nur Singular)
der Enkel, -
sauber
mitarbeiten
die Jugendgruppe, -n

(das) Greenpeace
die Aktion, -en
gemeinsam
malen
das Infoplakat, -e
die Unterschrift, -en
die Schulpolitik (nur Singular)
verändern
der Mensch, -en
die Jungen Grünen (nur Plural)
politisch
die Jugendorganisation, -en
die Partei, -en
das Bündnis, -se
die Grünen (nur Plural)
das Mitglied, -er
das Abitur, -e
als
die Parlamentarierin, -nen
der Botschafter, -
die Fantasie, -n
erfinden
eigen-
dafür
rennen
die Kindheit (nur Singular)
plötzlich
die Hauptschule, -n
fünfmal
wechseln
verlassen
der Abschluss, ̈e
das Jugendmagazin, -e
der Erfolg, -e
der Hauptschulabschluss, ̈e
(das) Hamburg
der Schriftsteller, -
der Schulabschluss, ̈e
die Grafik, -en
die Gesamtschule, -n

Seite 35

das Fußballspielen (nur Singular)
der Verein, -e
der Bestseller, -
der Superstar, -s
die Chips (hier: nur Plural)
Sport treiben

Seite 36

die Mathestunde, -n
stören
vorn
neben
die Extra-Hausaufgabe, -n
Mathe (als Schulfach ohne Artikel,
    nur Singular)
die Mathe-Aufgabe, -n
hierher
die Lösung, -en
die Tafel, -n
aufwachen
der Matheunterricht (nur Singular)
die Rechenaufgabe, -n
zufrieden
der Opa, -s
der Kleine, -n
die Präposition, -en

Seite 37

die SMS, -
kapieren
die Extra-Portion, -en
das Kärtchen, -
der Stapel, -
umdrehen
ziehen: etwas ziehen
nun
achten
das Zeugnis, -se

Seite 38

der Weltbestseller, -
verfilmt
die Privatschule, -n
die Mathematikstunde, -n
einschließen
staatlich
fünfunddreißig
schließlich
und zwar
krachen
die Hufeisenform, -en
beinahe
die Freundschaft, -en
der Mathelehrer, -
der Papi, -s (= Papa)
der Kerl, -e

sich fürchten
ein wenig
barsch
knallen
das Geodreieck, -e
der Strich, -e
durch
geometrisch
das Gebilde, -
die Gerade, -n
abzeichnen
gelingen
rutschen
beiseite
per: per Hand
herauskommen
der Glücksdrache, -n
treten
die Nachhilfe (nur Singular)
der Extra-Unterricht (nur Singular)
täglich
die Freude, -n
aufsteigen
der Unterschied, -e
zwischen
privat
der Schultag, -e
der Bericht, -e
der Klassenraum, ̈e
das Gefühl, -e

Seite 40

das Lego (= der Legostein, -e)
konstruieren
bauen
planen
das Gebäude, -
entscheiden
die Zeichnung, -en
weil
kreativ
die Sportnachricht, -en
die Schülerzeitung, -en
die Sportjournalistik (nur Singular)
das Studium, Studien
das Volontariat, -e
die Sportzeitschrift, -en
das Interview, -s
der Terminkalender, -

das Sportevent, -s
aktualisieren
die Reportage, -n
der Patient, -en
der Zivildienst (nur Singular)
der Krankenpfleger, -
die Operation, -en
vorbereiten
danach
sonst
der Berufstraum, ⸚e
der Lieblingsberuf, -e
die Bildunterschrift, -en
die Journalistin, -nen

Seite 41

der Nebensatz, ⸚e
grammatisch
die Sportjournalistin, -nen
auswählen
negativ
der Bäcker, -
die Bäckerin, -nen
der Handwerker, -
die Handwerkerin, -nen
der Friseur, -e
die Friseurin, -nen
der Politiker, -
die Politikerin, -nen
der (Auto-)Mechaniker, -
die (Auto-)Mechanikerin, -nen
der Polizist, -en
die Polizistin, -nen
spannend
die Süßigkeit, -en
das Rezept, -e
stehen

Seite 42

der Rennfahrer, -
der Teil, -e
das Arbeitsamt, ⸚er
die Berufsberaterin, -nen
das Unterrichtsfach, ⸚er
das Team, -s
die Pflanze, -n
körperlich
die Gartenarbeit, -en
handwerklich

das Holz (hier: nur Singular)
das Metall, -e
allgemein
die Technik (hier: nur Singular)
abkürzen

Seite 43

die Bankkauffrau, -en
die Hotelkauffrau, -en
die Reisekauffrau, -en
hereinkommen
Platz nehmen
buchstabieren
Ihr-
das Informationsblatt, ⸚er
ausfüllen
das Formular, -e
vorbeikommen
noch einmal
der Imperativ, -e
das Beratungsgespräch, -e
nützlich
das Schulbasketballteam, -s
das Haustier, -e
die Erdkunde (nur Singular)
die Philosophie (hier: nur Singular)
der Klavierunterricht (nur Singular)
die Klassensprecherin, -nen
romantisch
der Musikabend, -e
der Literaturabend, -e
der Technik-Fan, -s
der Motorroller, -
der Sommerjob, -s
die Werkstatt, ⸚en
shoppen
rechnen
nachdenken
darüber
schauen
Fragen stellen
die Möglichkeit, -en
der Bereich, -e

Seite 44

freiwillig
sozial
FSJ (= das Freiwillige Soziale Jahr)
dauern

bieten
die Chance, -n
die Einrichtung, -en
die Erfahrung, -en
die Institution, -en
die Jugendhilfe (hier: nur Singular)
das Altenheim, -e
das Pflegeheim, -e
das Inland (nur Singular)
beginnen
die Unterkunft, ⸚e
die Verpflegung (nur Singular)
versichert
die Stelle, -n
der Bauernhof, ⸚e
(das) Buenos Aires
(das) Argentinien
der Tourist, -en
das Verhaltensproblem, -e
die Therapie, -n
mithelfen
der Helfer, -
der Betreuer, -
die Kuh, ⸚e
melken
füttern
die Gesprächsstunde, -n
das Jugendzentrum, -zentren
(das) Oberhausen
die Theorie, -n
(das) ParkHaus
die Kultur, -en
leiten
erfahren
vormittags
der Vorteil, -e
der Nachteil, -e
verdienen
funktionieren

Seite 46

Medien (hier: nur Plural)
die Vorsicht (nur Singular)
nutzen
die Gefahr, -en
die SMS, - (= engl. Short Message
  Service)
virtuell
der Flirt-Freund, -e

die Rechnung, -en
erfahren
die Schulnote, -n
der Psychologe, -n
ausmachen: einen Termin
die Form, -en
das Präsens (nur Singular)
maximal
das Präteritum (nur Singular)
der Umlaut, -e

Seite 47

derselbe, dasselbe, dieselbe
an sein
der Streit (nur Singular)
der Ärger (nur Singular)
dringend
flirten
austauschen
das Forum, Foren
die Webseite, -n
der Brieffreund, -e
ungefähr
verbinden
die Tätigkeit, -en
rausgehen
der Ratschlag, ⸚e
mitgehen
aufhören
versprechen

Seite 48

der Titel, -
der Rückenwind
das Zitat, -e
informieren
unterhalten
der Artikel, -
kritisch
die Meinung, -en
sozusagen
ehemalig
der Chefredakteur, -e
die Titelseite, -n
die Überschrift, -en
der Inhalt, -e
der Live-Chat, -s
der Redakteur, -e
(das) Passau

vor Kurzem
der Spiegel, -
bloß
wenn
unterstreichen

Seite 49

euer
unser-
los
die Einladung, -en
bereit
die Redaktion, -en
das Chaos (nur Singular)
die Redaktionsarbeit, -en
die Koordination, -en
die Kultur, -en
ihr-
sondern
kontrollieren
der Rest, -e
zusammenarbeiten
aufnehmen
vorschlagen
das Redaktionstreffen, -
grafisch
das Element, -e
die Textstruktur, -en
der Possessivartikel, -
das Personalpronomen, -
Ihr-
die Konjunktion, -en
der Satzakzent, -e
die Schulbibliothek, -en

Seite 50

(das) Tiengen
das Videoprojekt, -e
das Studio, -s
bearbeiten
inhaltlich
technisch
der Schluss (hier: nur Singular)
lokal
der Fernsehsender, -
das Sportfest, -e
filmen
der Reporter, -
die Moderation, -en

aufteilen
live
der Torwart, -e
das Fußballspiel, -e
der Höhepunkt, -e
die Diskussion, -en
der Sportlehrer, -
schneiden
kürzen
das Videomaterial, -ien
das Tor, -e
klären
der Computer-Spezialist, -en
begrüßen
der Zuschauer, -
einzeln
die Videosequenz, -en
einfügen
die Sendung, -en
die Theatergruppe, -n
der Regisseur, -e

Seite 52

freiwillig
vorstellen
engagiert
der Behinderte, -n
die Feuerwehr (nur Singular)
der Ansprechpartner, -
das Pflegeheim, -e
meistens
der Rollstuhl, ⸚e
das Rollstuhlfahren
   (nur Singular)
eng
der Eingang, ⸚e
die Treppe, -n
der Rollstuhlfahrer, -
das Altenheim, -e
tätig
das Würfelspiel, -e
die Vergangenheit, -en
die Erfahrung, -en
die Jugendfeuerwehr
   (nur Singular)
(das) Sachsenhausen
das Ding, -e
das Feuer (nur Singular)
löschen

mitfahren
das Löschfahrzeug, -e
die Not, ⁼e

Seite 53

dass
berichten
frech
der Arbeitsplatz, ⁼e
der Sportverein, -e
aufregend
optimistisch
egoistisch
sensibel
einsam
pessimistisch
klug

Seite 54

das Camping (nur Singular)
das Musikfestival, -s
das Festivalgelände, -
der Zeltplatz, ⁼e
das Chill-out-Zelt, -e
das Zelt, -e
die Duschen (hier: nur Plural)
das Ticket-Büro, -s
das Taschenmesser, -
das Insektenspray, -s
die Packung, -en
das Abendessen, -
markiert
hey
sich streiten
sich treffen
sich erholen
drüben
sich beeilen
sich freuen
das Reflexivpronomen, -
reflexiv

Seite 55

der Nominativ, -e
hinlegen
das Subjekt, -e
eilig
verabredet
das Ballett, -e

fallen
sich anziehen
sich entschuldigen
sich langweilen
sich verletzen
sich verstehen

Seite 56

der Jungunternehmer, -
die Decke, -n
die Hypothese, -n
das Patent, -e
(das) Düsseldorf
der Sommerabend, -e
der Balkon, -e
der Ärmel, -
die Kälte (nur Singular)
nähen
die Ärmeldecke, -n
die Erfindung, -en
das Patentamt, ⁼er
das Markenamt, ⁼er
seitdem
sich verkaufen
der Benutzer, -
sich bewegen
das Fußballstadion, -stadien
der Kinderwagen, -
benutzen
das Lesen (nur Singular)
das Fernsehen (nur Singular)
das Computer spielen (nur Singular)
der Handschuh, -e
wegmachen
kuschelig
das Modell, -e
der Stoff, -e
das Recht, -e
der Einzige, -n
wirtschaftlich
das Unternehmen, -
entstehen
die Geschäftsidee, -n
das Produkt, -e
originell
die Eigenschaft, -en
praktisch
stark
die Präsentation, -en

das Material, -ien
die Broschüre, -n

Seite 58

die Willkommensparty, -s
(das) Marbella
der Donnerstagabend, -e
übermorgen
besprechen
grillen
der Samstagnachmittag, -e
gegen
wegfahren
zurückkommen
besorgen
die Semmel, -n (= österr./bayr. das
    Brötchen, -)
zu zweit
etwas Süßes (= die Süßigkeit, -en)
der Nachtisch (nur Singular)
backen
sich kümmern
der Wunsch, ⁼e
der Vorschlag, ⁼e
Bescheid geben
der Grill, -s
das Besteck (nur Singular)
der Notizzettel, -
die Variante, -n
die Paprika, -
die Gurke, -n
die Marille, -n (= österr. die Apriko-
    se, -n)
der Erdapfel, ⁼ (= österr. die Kartof-
    fel, -n)
der Paradeiser, - (= österr. die
    Toma-
    te, -n)
die Aprikose, -n
das Schweizerdeutsch
erkennen
*die Gugummere (= schweiz. die
    Salatgurke, -n)*
*die Härdöpfel (= schweiz. die Kartof-
    fel, -n)*
*die Pepperoni, - (= schweiz. die
    Paprika, -)*
*die Barille, -n (= schweiz. die Apriko-
    se, -n)*

das Weckli, -s (= schweiz. das Bröt-
chen, -)
das Brötli, - (= schweiz. das Bröt-
chen, -)

Seite 59

die Pappe, -n
bitten
der Konjunktiv, -e
die Torte, -n
das Detail, -s
der Apfelkuchen, -
österreichisch
das Würstchen, -
sich melden
der Paradeisersalat, -e
der Gurkensalat, -e
der Paprikasalat, -e
die Gabel, -n
das Messer, -
der Löffel, -
das Klassenfest, -e
die Grillparty, -s
das Picknick, -s
der Einkaufszettel, -
verteilen
das Kilo (nur Singular)
der Liter, -
die Kiste, -n

Seite 60

der Lesewurm, ⸚er
der Beitrag, ⸚e
der Kochplan, ⸚e
nämlich
abends
das Nudelgericht, -e
nichts
niemand
unterwegs
außerdem
jemand
das Zusammensein (nur Singular)
das Mittagessen, -
das Schweinefleisch
(nur Singular)
das Rindfleisch (nur Singular)
das Hähnchen, -
fett

die Arbeitszeit, -en
wählen

Seite 61

die Nudel, -n

Seite 62

der Besitzer, -
das Salatfeld, -er
herausholen
morgens
mittags
nicht einmal
kühl
der Durst (nur Singular)
riechen
das Kartoffelfeld, -er
enden
stinken
weitergehen

Seite 64

das Land (hier nur Singular: auf
dem Land)
das Landei, -er
das Stadtkind, -er
(Kaffee) zum Mitnehmen
der Komparativ, -e
hart
die Abstimmung, -en
die Unikneipe, -n
die Oma, -s
die Spielregel, -n
die Wohngemeinschaft, -en
das Angebot, -e
der Hof, ⸚e
das Paradies, -e
die Bäckerei, -en
die Espresso-Bar, -s
die Angst, ⸚e
der Schmutz (nur Singular)
das Feld, -er
die Wiese, -n
die Kondition (nur Singular)
der Nerv, -en

Seite 65

die Handarbeit (hier: nur Singular)
als

klar
genauso
die Hofgemeinschaft, -en
der Vergleich, -e
vergleichen
die Maisfeldparty, -s
der Hörer, -
das Gästebuch, ⸚er
frisch
die Kuhmilch (nur Singular)
ruhig
tolerant
die Kopfarbeit (nur Singular)
begründen

Seite 66

das Provinzkind, -er
das Drittel, -
der Deutsche, -n
die Provinz, -en
der Einwohner, -
aufwachsen
die Kleinstadt, ⸚e
berichten
(das) Argenbühl
(das) Allgäu
(das) Wangen
der Kilometer, -
entfernt
die Bürokauffrau, -en
das Reiten (nur Singular)
das Pony, -s
ausreiten
herrlich
der Führerschein, -e
die Diskothek, -en
(das) Osterwied
(der) Harz
der Lehrling, -e
die Autowerkstatt, ⸚en
die Lehrstelle, -n
der Musikverein, -e
die Posaune, -n
die Flöte, -n
beginnen
die Mittagspause, -n
nachmittags
morgens
ausschlafen

sich wünschen
(das) Hörsten
(das) Schleswig-Holstein
(das) Rendsburg
täglich
der Nachbarort, -e
montags
mittwochs
das Sofa, -s
die Musikanlage, -n
faulenzen
abends
die Zeile, -n

Seite 67

der Superlativ, -e
die Komparativform, -en
die Superlativform, -en
die Ausnahme, -n
der Leserbrief, -e
(das) Ducherow
wegziehen
das Heimatdorf, ⸚er
der Forellenkeller, -
(das) Röppisch
weggehen
die Landschaft, -en
rund
(das) Schmorsdorf
stundenlang
der Gegensatz, ⸚e
(das) Frankfurt
der Akzent, -e
der Dönerkebap, -s

Seite 68

die Uni-Stadt, ⸚e
der Student, -en
jedoch
leer
(das) Stuttgart
die Diplomarbeit, -en
der Loft, -s
die Wohnidee, -n
der Student-Loft, -s
die Box, -en
qm (= der Quadratmeter, -)
enthalten
die Schublade, -n

das Papier, -e
der Computerarbeitsplatz, ⸚e
nebeneinander
aufstellen
die Leseecke, -n
der Internetpool, -s
die Fitnesszone, -n
die Boxenlandschaft, -en
das Einfamilienhaus, ⸚er
stapeln
Pile Up (= engl. stapeln)
der Schweizer, -
das Wohnkonzept, -e
die Stadtwohnung, -en
das Pile-Up-Gebäude, -
die Etage, -n
unterschiedlich
die Höhe, -n
das Licht, -er
(das) Rheinfelden
die Schweiz
das Pile-Up-Haus, ⸚er
zunehmen
insbesondere
der Stadtteil, -e
(das) Nippes
(das) Köln
der Bürger, -
autofrei
das Viertel, -
schaffen
das Wohnhaus, ⸚er
die Innenstadt, ⸚e
notwendig
mittlerweile
(die) Niederlande (Plural)
das Wohnviertel, -

Seite 70

die Umwelt (nur Singular)
das Klima, -ta
extrem
die Minusgrade (Plural)
(das) Südspanien
der Hochsommer, -
(das) Nordgriechenland
(das) Ostdeutschland
die Katastrophe, -n
die Konsequenz, -en

der Schneesturm, ⸚e
die Hitze (nur Singular)
der Orkan, -e
das Hochwasser, -
die Verspätung, -en
der Baum, ⸚e
die Autobahn, -en
schließen
der Strom (hier: nur Singular)
der Boden, ⸚
trocken

Seite 71

die Wetterkarte, -n
die Temperatur, -en
kühl
nass
der Schnee (nur Singular)
schneien
der Wind, -e
wehen
stark
das Pronomen, -
das Wettersymbol, -e
der Norden (nur Singular)
der Westen (nur Singular)
der Osten (nur Singular)
der Süden (nur Singular)
(das) Westdeutschland
nachfragen

Seite 72

der Umwelttag, -e
der Umweltfreund, -e
der Umweltschutz (nur Singular)
sensibilisieren
(das) Innsbruck
die Umwelt-AG, -s
die Meldung, -en
ausschalten
der Stand-by-Modus, -Modi
verbrauchen
die Energiesparlampe, -n
das Prozent, -e
halten
achtmal
die Glühbirne, -n
einschalten
exotisch

von weit her
transportieren
die Region, -en
(das) Neuseeland
(das) Tirol
(das) Einkaufen (nur Singular)
die Heizung, -en
(das) Reisen (nur Singular)
der Müll (nur Singular)
schalten
benutzen
trennen
die Tonne, -n
hochdrehen
runterdrehen

Seite 73

die Mülltrennung (nur Singular)
recyceln
die Verpackung, -en
die Glasflasche, -n
das Papier (hier: nur Singular)
der Obstabfall, ⸚e
der Gemüseabfall, ⸚e
die Batterie, -n
zusammengehören
mithelfen
das Grad, -e
das Gästezimmer, -
der Flur, -e
die Badewanne, -n
fließen
zusammenpassen
wenn
der Transportweg, -e
auswendig lernen
der Beispielsatz, ⸚e
der Wenn-Satz, ⸚e
abgeben
öffnen
der Busfahrer, -
streiken
verkaufen
der Urlaub (nur Singular)
das Meer, -e

Seite 74

retten
der Eisbär, -en

der Bär, -en
hinterherschauen
schießen
das Eis (nur Singular)
der Blick, -e
leihen
der Super-Multi-Van, -s
der Stau, -s
der Verkehr (nur Singular)
ab und zu
wohl
wild
am Polar
der Nordpol (nur Singular)
hinausschauen
ansehen
ob
der Zoo, -s

Seite 76

der Zoo, -s
die Einleitung, -en
sich informieren
schützen
die Europäische Union
   (nur Singular)
die Million, -en
die Großstadt, ⸚e
beliebt
der Tierfreund, -e
(das) Wien
der Tierpfleger, -
sorgen
das Futter (nur Singular)
der Tierarzt, ⸚e
untersuchen
die Zoo-Landschaft, -en
züchten
die Tierart, -en
der Große Panda, -s
der Gorilla, -s
der Tiger, -
das Exemplar, -e
sicherlich
der Zoo-Besuch, -e
der Lebensraum, ⸚e
das Gefängnis, -se
jagen
das Gehege, -

die Veranstaltung, -en
drinnen
frustriert
aggressiv
die Freiheit (nur Singular)
das Zootier, -e
die Nahrung (nur Singular)
das Wildtier, -e
der Tierfilm, -e

Seite 77

die Adjektivdeklination, -en
bestimmt
das Argument, -e
modern
leise
deprimiert
faul
dagegen
einverstanden
dafür

Seite 78

das Berufsbild, -er
Dr. (= Doktor)
der Arbeitstag, -e
der Genitiv, -e
der Eigenname, -n
die Tochter, ⸚
die Tiermedizin
   (nur Singular)
der Hausbesuch, -e
der Notruf, -e
der Hunde-Besitzer, -
angreifen
töten
das Meerschweinchen, -
der Student, -en
betont

Seite 79

der Hut, ⸚e
(das) Graz
die Tierklinik, -en
die Behandlung, -en
die Tierpraxis, -praxen
klappen
die Partnerin, -nen
prima

traditionell

(das) Nürnberg

das PS (= das Postskriptum, Postskripta)

das TV (nur Singular) (= die Television)

die Sendung, -en

der Hund, -e

das Huhn, ⸚er

der Vogel, ⸚

fehlen

die Maus, ⸚e

das Schwein, -e

Seite 80

tierisch

berühmt

die Bremer Stadtmusikanten (Plural)

das Märchen, -

das Jahrhundert, -e

der Esel, -

der Hahn, ⸚e

der Räuber, -

das Zeichen, -

losschreien

hinein stürzen

weglaufen

die Hündin, -nen

das Lebewesen, -

das Weltall (nur Singular)

sowjetisch

der Wissenschaftler, -

die Rakete, -n

das All (nur Singular)

der Sputnik, -s

die Mission, -en

der Start, -s

sterben

an Bord

der Experte, -n

die Raketentechnik (nur Singular)

knapp

der Kosmonaut, -en

der Zoologische Garten

schwer

der Zoo-Besucher, -

die Briefmarke, -n

---

der Steckbrief, -e

Seite 82

(das) Europa

die Ferne (nur Singular)

spüren

(das) Jinan

(das) China

der Qualitätskontrolleur, -e

(das) Glasklar

die Erwartung, -en

der Europäer, -

tatsächlich

stolz

die Sorge, -n

fremd

die Vorstellung, -en

vorher

(das) Ungarn

feststellen

wunderschön

(das) Amsterdam

mitten

die Sehenswürdigkeit, -en

der Bau, -ten

das Hochhaus, ⸚er

faszinierend

das Reiseland, ⸚er

wirtschaftlich

die Firma, Firmen

europäisch

das Parlament, -e

die Wirtschaft (nur Singular)

Seite 83

das Kasus-Signal, -e

der Pfeil, -e

unbestimmt

berühmt

nennen

(das) Paris

die Automarke, -n

das Märchen, -

(das) Norwegen

die Bevölkerung, -en

die Lage, -n

der Tourismus (nur Singular)

Seite 84

erleben

der EuroPeer, -s

die Vermutung, -en

das EU-Programm, -e

erzählen von

der Jugendklub, -s

die Fußgängerzone, -n

informieren über

der Flyer, - (= engl. das Flugblatt, ⸚er)

die EU (= die Europäische Union)

der Prospekt, -e

die Schulstunde, -n

die Ausstellung, -en

die Info, -s (= die Information, -en)

unter

(das) Frankfurt an der Oder

die Grenze, -n

(das) Polen

der Deutschkurs, -e

der Erwachsene, -n

(das) Polnisch

die Sommerferien (Plural)

das Ferienprogramm, -e

der Youthpass, ⸚e

Seite 85

ersetzen

kursiv

davon

daran

das Präpositionaladverb, -ien

deutsch-polnisch

das Jugendportal, -e

darum

der Polnisch-Sprachkurs, -e

teilnehmen an

froh sein über

zurückdenken

darauf

wovon

woran

worum

worauf

träumen

der/die Arme

der/die Glückliche

variieren

sich interessieren
die Modenschau, -en

Seite 86

das Schwingen (nur Singular)
das Ringen (nur Singular)
der Nationalsport
   (nur Singular)
der Athlet, -en
die Kleider (Plural)
die Qualität, -en
der Gegner, -
festhalten
schwingen
fein
die Holzspäne (Plural)
seit
das Euro-Baby, -s
(das) Bulgarien
das Feuerwerk, -e
die Licht-Show, -s
die Nationalhymne, -n
automatisch
der Klub, -s
bulgarisch
der Staat, -en
das Stipendium, Stipendien
küssen
verboten
(das) Warrington
(das) England
das Schild, -er
die Weise (nur Singular)
mit seinen Lieben
der Parkplatz, ⸚e
(das) Prag
das Sozialleben (nur Singular)
die Erde (nur Singular)
der Anti-Atom-Bunker, -
trendig
das Paar, -e
ähneln
allerdings
das Interessante (nur Singular)
die Schlagzeile, -n
die Vierergruppe, -n
zusammenfassen
(das) Ljubljana
das Hotel, -s

die Gefängniszelle, -n
dekorieren
das Gitter, -

Seite 88

die Schiene, -n
das Interrail (nur Singular)
der Ticketpreis, -e
das Dokument, -e
die Unterkunft, ⸚e
die Reisekasse, -n
die Länderinfo, -s
entdecken
bis zu
reisen
völlig
der Ausweis, -e
der Pass, ⸚e
das Visum, Visa
die Jugendherberge, -n
der Campingplatz, ⸚e
das Bargeld (nur Singular)
die EC-Karte, -n
die Kreditkarte, -n
die Landkarte, -n
der Reiseführer, -
temporal
das Interrail-Ticket, -s
die Länderinformation, -en
die Interrail-Reise, -n
der Reisepass, ⸚e
kopieren
das Hotel, -s
die Pension, -en
der Bankautomat, -en
abheben

Seite 89

die Uhrzeit, -en
der Westbahnhof
inoffiziell
das Viertel, -
der Wortgruppenakzent, -e
der Topf, ⸚e
die Spielkarte, -n
das Indefinitpronomen, -
das Possessivpronomen, -
(das) Rom
der Gegenstand, ⸚e

gegenseitig
die Reise-Checkliste, -n
der Schreibblock, ⸚e
die Sonnencreme, -s
der Kaugummi, -s

Seite 90

die Zeitangabe, -n
servus
der Interrail-Tag, -e
der Wecker, -
somit
wach
der Speisesaal, -säle
die Cornflakes (nur Plural)
der Geheimtipp, -s
das Beisel, -
der Nicht-Wiener, -
der Rostbraten, -
die Zwiebel, -n
der Palatschinken, -
der Zimt (nur Singular)
der Zucker (hier: nur Singular)
das Schloss, ⸚er
der Stephansplatz
die U-Bahn-Station, -en
direkt
der Stephansdom
innen
beeindruckend
der Wiener, -
das Hundertwasserhaus
bunt
schief
der Tourist, -en
sich überlegen
zurzeit
das Filmfestival, -s
der Rathausplatz
der Railer, -s
der Engländer, -
der Italiener, -
leihen
die Stadtrundfahrt, -en
der Naschmarkt
der Obstmarkt, ⸚e
der Gemüsemarkt, ⸚e
gespannt
die Hofburg

hinmüssen
unbedingt
der Eintrittspreis, -e
außen
riesig
der Schlosspark, -s
sich lohnen
von ... aus
der Blick, -e

Seite 91
die Präteritumform, -en
die Lieblingsreise, -n
besichtigen
die Zugfahrt, -en
dauern
der Turm, ¨e
steigen
die Schlange, -n

Seite 92
das Wissensquiz, -
die Landessprache, -n
das Hauptevent, -s
der Hungaroring
(das) Budapest
der Grand Prix
das Radrennen, -
das Rennen, -
die Europameisterschaft, -en
der Berlinfilm, -e
die Berlinale
(das) Bratislava
der Rhein
die Donau
die Elbe
das Matterhorn
(das) Finnisch
(das) Tschechisch
(das) Litauisch
die Griechin, -nen
stammen
(das) Japan
die Mozartkugel, -n
das Symbol, -e
(das) Salzburg
die Brücke, -n
der Fernsehturm, ¨e
(das) Toronto

(das) Moskau
(das) Shanghai
(das) Konstantinopel
(das) Athen
(das) Kairo
(das) Istanbul
die Berliner Mauer

Seite 94
die Orientierung, -en
die Stadtrallye, -s
(das) Zürich
das Panorama, Panoramen
die Limmat
das Rathaus, ¨er
die Polybahn
die Polyterrasse
die ETH (= Eidgenössische
   Technische Hochschule)
das Central (nur Singular)
der Start, -s
(das) Konstanz
der Verkehrsknotenpunkt, -e
der Studentenexpress
die Bahnstrecke, -n
das Billet, -s (= schweiz. Fahrkarte, -n)
das Perron, -s (= schweiz. Bahnsteig, -e)
eidgenössisch
technisch
die Hochschule, -n
der Nobelpreisträger, -
ankreuzen
der Aufgabenzettel, -
die Bahnhofbrücke, -n
die Innenstadt, ¨e
die Rathausbrücke, -n
der Beginn (nur Singular)
die Rallye, -s
verlaufen
die Strecke, -n
zwischen
hinter
das Hauptgebäude, -
neben
hinhören

Seite 95
die Wasserkirche
das Großmünster
das Universitätsspital, ¨er
das Gasthaus, ¨er
der Storch, ¨e
die St. Peterskirche
das Spital, ¨er
zusammengesetzt

Seite 96
sich verirren
peinlich
irgendwohin
auf einmal
sich auskennen
sich lustig machen
die Situation, -en
die Leser-E-Mail, -s
(das) Basel
umziehen
(das) Lausanne
obwohl
die Altstadt, ¨e
das Stadtviertel, -
losgehen
irgendwann
lachen über
die Suche, -n
der Stadtplan, ¨e
(das) Würzburg
irgendwo
aufgeregt
ausgerechnet
die Petersstraße
die Bücherei, -en
die Panik (nur Singular)
irgendein-
die Angestellte, -n
die Theaterstraße
sich befinden
verwechseln
lauter
die Aufregung, -en
schrecklich
der Anfänger, -
die Uni, -s (= die Universität, -en)
das Wohnheim, -e
zufällig

die Gegend, -en
irgendwie
der Kreis, -e
der Theaterauftritt, -e

Seite 97

der Startpunkt, -e
irgend-
irgendwelche
der Satzanfang, ⸚e
der Pulli, -s

Seite 98

das Piktogramm, -e
erleichtern
das Komma, -s
das Prinzip, -ien
warnen
egal
(das) Russland
(das) Australien
(das) Brasilien
die Bedeutung, -en
effektiv
die Bildersprache, -n
der Grafiker, -
beeinflussen
die Olympischen Spiele
  (nur Plural)
das System, -e
das Strichmännchen, -
olympisch
der Standort, -e
einsetzen
die Abbildung, -en
die Art, -en
die Einfachheit (nur Singular)
übernehmen
sich orientieren
die Lieblingsseite, -n
die Kommunikation, -en
der Messenger, -
die Unterhaltung, -en
das Internetspiel, -e
das Fernsehprogramm, -e

Seite 100

die Bude, -n
insgesamt

der Umzug, ⸚e
die Berufsausbildung, -en
einzahlen
parken
feminin

Seite 101

die Lehre, -n
das Kfz, - (= das Kraftfahr-
  zeug, -e)
der Mechatroniker, -
beenden
neulich
das Gehalt, ⸚er
finanziell
das Wohnen (nur Singular)
passend
die Zweizimmerwohnung, -en
der Balkon, -e
die Garage, -n
die Miete, -n
der Mietvertrag, ⸚e
die Kosten (nur Plural)
das Konto, Konten
unterschreiben
der Schlüssel, -
renovieren
die Renovierung, -en
schenken
die Küchenmöbel (nur Plural)
die Zeitungsanzeige, -n
gratis
arm
der Umzugstag, -e
der Kartoffelsalat, -e
einziehen
der DVD-Player, -
übrig bleiben
der Mist (nur Singular)
die Rettung (hier: nur Singular)
der Kirschkuchen, -
der Briefumschlag, ⸚e
mieten
modal
bis wann
die Mitternacht (nur Singular)
das Datum, Daten
die Viertelstunde, -n
wecken
aufbleiben

Seite 102

die A-Seite, -n
auspacken
einrichten
der Gegenstand, ⸚e
die Couch, -s
das Handtuch, ⸚er
der Teppich, -e
der Spiegel, -
die Decke, -n
das Kissen, -
der Lautsprecher, -
der Koffer, -
hängen
die Wand, ⸚e
über
unter

Seite 103

anmachen
leer
das Geräusch, -e
die Wohnungstür, -en
die Zimmertür, -en
stellen
legen
sich setzen
die Wechselpräposition, -en
die Wortgruppe, -n

Seite 104

das Lieblingsding, -e
anfassen
die UEFA Champion League
die Erinnerung, -en
Manchester United
der Lieblingsgegenstand, ⸚e
der Liebeskummer (nur Singular)
hinbegleiten
kaum
das Objekt, -e
der Tennisschläger, -
das Turnier, -e
der Glücksbringer, -
der Skizzenblock, ⸚e
das Stofftier, -e
inzwischen
ausgelatscht

rauchen
die Liveband, -s
auftreten
der Rhythmus, Rhythmen
das DJ-Team, -s
die Tanzstimmung (nur Singular)
voll
der Hamburger, -
der Gymnasiast, -en
entstehen
der Gastgeber, -
die Werbung (nur Singular)

Seite 115

der Organisationsstress (nur Singular)
die Partylocation, -s
mithilfe
kriegen
verlangen
(das) MySpace
das Internetportal, -e
das Netzwerk, -e
der Klubbesitzer, -
verteilen
das Licht, -er
die Bühne, -n
begrüßen
schließlich

Seite 116

der Fasching, -s
die Fastnacht/Fasnacht, -
(das) Kölle (= Köln)
alaaf
helau
der Aschermittwoch
das Ostern
herrschen
der Narr, -en
der Jeck, -en
das Rheinland
die Tradition, -en
die Fastenzeit, -en
die Weiberfastnacht, -
das Kostüm, -e
die Macht, ⸚e
abschneiden
die Krawatte, -n
der Rosenmontag, -e
der Karnevalsumzug, ⸚e
reich
schmücken
der Motivwagen, -
die Fußgruppe, -n
die Musikkapelle, -n
der Karnevalsruf, -e
(das) Mainz
der Basler, -

exakt
der Fasnächtler, -
sog. (= sogenannt)
der Morgenstraich, -e
die Laterne, -n
die Trommel, -n
die Maske, -n
hingegen
der Dienstagabend, -e
die Guggenmusik, -en
das Blechblasinstrument, -e
die Karnevalstradition, -en
deutschsprachig
die Dauer (nur Singular)
die Karnevalsstadt, ⸚e
der Teilnehmer, -
der Karnevalsort, -e
(das) Bern
(das) Liechtenstein
(das) Barranquilla
(das) Cádiz
(das) Venedig
(das) New Orleans
(das) Rio de Janeiro

Liste mit unregelmäßigen Verben

abfahren – fuhr ab – (ist) abgefahren
abgeben – gab ab – (hat) abgegeben
abheben – hob ab – (hat) abgehoben
abschreiben – schrieb ab – (hat) abgeschrieben
anfangen – fing an – (hat) angefangen
angreifen – griff an – (hat) angegriffen
anhaben – hatte an – (hat) angehabt
ankommen – kam an – (ist) angekommen
anrufen – rief an – (hat) angerufen
anziehen – zog an – (hat) angezogen
aufbleiben – blieb auf – (ist) aufgeblieben
aufnehmen – nahm auf – (hat) aufgenommen
aufstehen – stand auf – (ist) aufgestanden
auftreten – trat auf – (ist) aufgetreten
aufwachsen – wuchs auf – (ist) aufgewachsen
ausgehen – ging aus – (ist) ausgegangen
sich auskennen – kannte sich aus – (hat) sich ausgekannt
ausreiten – ritt aus – (ist) ausgeritten
ausschlafen – schlief aus – (hat) ausgeschlafen
aussehen – sah aus – (hat) ausgesehen
aussprechen – sprach aus – (hat) ausgesprochen
aussteigen – stieg aus – (ist) ausgestiegen
ausziehen – zog aus – (ist) ausgezogen
backen – backte – hat gebacken
beginnen – begann – (hat) begonnen
bekommen – bekam – (hat) bekommen
beschreiben – beschrieb – (hat) beschrieben
besprechen – besprach – (hat) besprochen
bitten – bat – (hat) gebeten
bleiben – blieb – (ist) geblieben
bringen – brachte – (hat) gebracht
denken – dachte – (hat) gedacht
dürfen – durfte – (hat) gedurft
einladen – lud ein – (hat) eingeladen
einsteigen – stieg ein – (ist) eingestiegen
einziehen – zog ein – (ist) eingezogen
entscheiden – entschied – (hat) entschieden
entstehen – entstand – (ist) entstanden
erfahren – erfuhr – (hat) erfahren
erfinden – erfand – (hat) erfunden
essen – aß – (hat) gegessen
fahren – fuhr – (ist) gefahren

fallen – fiel – (ist) gefallen
fernsehen – sah fern – (hat) ferngesehen
finden – fand – (hat) gefunden
fliegen – flog – (ist) geflogen
fließen – floss – (ist) geflossen
geben – gab – (hat) gegeben
gefallen – gefiel – (hat) gefallen
gehen – ging – (ist) gegangen
gewinnen – gewann – (hat) gewonnen
gießen – goss – (hat) gegossen
haben – hatte – (hat) gehabt
hängen – hing – (hat) gehangen
halten – hielt – (hat) gehalten
heißen – hieß – (hat) geheißen
helfen – half – (hat) geholfen
hereinkommen – kam herein – (ist) hereingekommen
kennen – kannte – (hat) gekannt
kommen – kam – (ist) gekommen
können – konnte – (hat) gekonnt
lassen – ließ – (hat) gelassen
laufen – lief – hat/ist gelaufen
leihen – lieh – (hat) geliehen
lesen – las – (hat) gelesen
liegen – lag – (hat) gelegen
losgehen – ging los – (ist) losgegangen
mitbringen – brachte mit – (hat) mitgebracht
mitgehen – ging mit – ist mitgegangen
mithelfen – half mit – (hat) mitgeholfen
mitkommen – kam mit – ist mitgekommen
mitnehmen – nahm mit – (hat) mitgenommen
mögen – mochte – (hat) gemocht
müssen – musste – (hat) gemusst
nachdenken – dachte nach – (hat) nachgedacht
nachschlagen – schlug nach – (hat) nachgeschlagen
nehmen – nahm – (hat) genommen
nennen – nannte – (hat) genannt
raten – riet – (hat) geraten
reiten – ritt – (ist) geritten
rennen – rannte – (ist) gerannt
rufen – rief – (hat) gerufen
scheinen – schien – (hat) geschienen
schlafen – schlief – (hat) geschlafen

schließen – schloss – (hat) geschlossen

schreiben – schrieb – (hat) geschrieben

schwimmen – schwamm – (ist) geschwommen

sehen – sah – (hat) gesehen

sein – war – (ist) gewesen

singen – sang – (hat) gesungen

sitzen – saß – (hat) gesessen

sprechen – sprach – (hat) gesprochen

stattfinden – fand statt – (hat) stattgefunden

stehen – stand – (hat) gestanden

steigen – stieg – (ist) gestiegen

streiten – stritt – (hat) gestritten

teilnehmen – nahm teil – (hat) teilgenommen

tragen – trug – (hat) getragen

treffen – traf – (hat) getroffen

treiben – trieb – (hat) getrieben

trinken – trank – (hat) getrunken

tun – tat – (hat) getan

umziehen – zog um – (ist) umgezogen

unternehmen – unternahm – (hat) unternommen

unterschreiben – unterschrieb – (hat) unterschrieben

verbieten – verbot – (hat) verboten

verbringen – verbrachte – (hat) verbracht

vergessen – vergaß – (hat) vergessen

vergleichen – verglich – (hat) verglichen

verlassen – verließ – (hat) verlassen

verlaufen – verlief – (ist) verlaufen

verlieren – verlor – (hat) verloren

versprechen – versprach – (hat) versprochen

verstehen – verstand – (hat) verstanden

waschen – wusch – (hat) gewaschen

wegfahren – fuhr weg – (ist) weggefahren

weggehen – ging weg – (ist) weggegangen

wegziehen – zog weg – (ist) weggezogen

wehtun – tat weh – (hat) wehgetan

werden – wurde – (ist) geworden

wissen – wusste – (hat) gewusst

ziehen – zog – (ist) gezogen

zurückbleiben – blieb zurück – (ist) zurückgeblieben

zurückdenken – dachte zurück – (hat) zurückgedacht

zurückkommen – kam zurück – (ist) zurückgekommen

zusehen – sah zu – (hat) zugesehen

Quellenverzeichnis

Coverfotos: von links © mauritius images/COMSTOCK; © plain-picture/Schuster; © Bildagentur-online/Able Stock

U2: © Digital Wisdom

Seite 4: von oben © Hueber Verlag/Alexander Keller; © iStock/Photawa; © Thinkstock/iStock/Harry Starr; © Jupiterimages/Comstock; © Hueber Verlag/Alexander Keller (2)

Seite 6: von oben © fotolia/Antje Lindert-Rottke; © iris-blende.de; © PantherMedia/Bruno Bernier; © irisblende.de; © bildunion; © fotolia/Eric Gevaert

Seite 8: von oben © JUGEND für Europa; © iStockphoto/Charlotte Bassin; © Coverpicture/Fred Urbanke; © Katja Goebel; © iStock/Jaroslaw Wojcik; © iStock/Rebekah Lane

Seite 10: von links © akg-images; © action press/Ibrahim Ot

Seite 12: © Hueber Verlag/Alexander Keller

Seite 16: von links © fotolia/Tomasz Trojanowski; © iris-blende.de

Seite 17: C © Thinkstock/iStock/webphotographeer; D © fotolia/Lucky Dragon

Seite 18: © Hueber Verlag/Alexander Keller (2)

Seite 20: A © fotolia/Yanik Chauvin; B © Hueber Verlag/Alexander Keller; C © PantherMedia/Scott Griessel; D © iStock/Photawa; Übung C4 © Hueber Verlag/Alexander Keller

Seite 22: Hockey © PantherMedia/Wolfgang Flöting; rudern © fotolia/Thiru; schwimmen © iStockphoto/Chad McDermott; Leichtathletik © fotolia/Jim Parkin; Logo © Jugend trainiert für Olympia; Piktogramme a-e © 1976 by ERCO GmbH

Seite 24: von oben © Thinkstock/iStock/Harry Starr; © Thinkstock/iStock/Norbert Judkowiak; © Thinkstock/istock/zwo5de

Seite 25: oben von links © fotolia/Daniel Hohlfeld; © Hueber Verlag/Alexander Keller; Mitte von links © Hueber Verlag/Alexander Keller; © iStockphoto/Dmitriy Shironosov; Snowboard © istockphoto; Stadion © imago

Seite 26: © Mathis Beutel

Seite 28: A © Jupitermages/Comstock Images; B © Thinkstock/Jupiterimages/Brand X Pictures; unten © iStockphoto/characterdesign

Seite 29: C © Shotshop/sunshine; unten © iStockphoto/Kevin Russ

Seite 30: © www.kirsten-neumann.de

Seite 34: 1 © Team2sportphoto; 2 © dpa picture-alliance; 3 © Süddeutsche Zeitung Photo/Sven Simon; Cover „Crazy" © by Kiepenheuer & Witsch

Seite 36/37: © Hueber Verlag/Alexander Keller; Handy © iStockphoto/milosluz

Seite 38: Cover © by Kiepenheuer & Witsch, Köln; Geodreieck © iStockphoto/© Dmitriy Shironosov; Drache © Hueber Verlag

Seite 40: 1 und 2 © fotolia/Yuri Arcurs; 3 © iStockphoto/Willie B. Thomas

Seite 41: A © iStockphoto/Joas Kotzsch; B © fotolia/Balin; C © irisblende.de; D © digitalstock; E © fotolia/Syda Productions; F © fotolia/Dan Race; G © fotolia/Lisa F.Young; H © fotolia/olly

Seite 42: © Hueber Verlag/Alexander Keller

Seite 44: 1 © iStockphoto/Jennifer Trenchard; 2 © irisblende.de

Seite 46: A © fotolia/Antje Lindert-Rottke; B © irisblende.de; C © Schüler VZ u. Thinkstock/iStock/EpicStockMedia

Seite 48: © Rückenwind, Passau

Seite 50: 1-5 © Michael Lange, Berlin; 6 © iStockphoto/Bart Broek

Seite 52: A © fotolia/Gerhard Seybert; B und C © iris-blende.de; 1 © Hueber Verlag/Alexander Keller; 2 © iStockphoto/Artem Skorokhodov; 3 © iStockphoto/Kamil Macniak

Seite 53: D © Colourbox; E © Joker/Ralf Gerard

Seite 54: A © Thinkstock/iStock/msubhadeep; B © fotolia/milphoto; C © Superbild; D © imago

Seite 56: © www.dojoo.de

Seite 58: A © iStock/small_frog; B © fotolia/bilderbox; C © PantherMedia/Bruno Bernier

Seite 62: © iStockphoto/Achim Prill

Seite 64: A © Thinkstock/iStock/adisa; C © dpa picture-alliance; E © bildunion; G © Peter Hirth/Transit

Seite 65: B © fotolia/iofoto; D © irisblende.de; F © Fasnetsjünger e.V. – www.fasnetsjuenger.de; H © iStockphoto/Andriy Solovyov

Seite 66: von links © iStockphoto/Mikhail Kondrashov; © action press/Jörn Pollex; © iStockphoto/Jim Kolaczko

Seite 68: A © Nachbarn60 e.V. (2); B © Johannes Marburg/ZAPCO LTD (2); C oben © iStockphoto/jkitan; C unten © ddpimages

Seite 70: oben A © fotolia/Zanna; B © iStockphoto/Miguel Angelo Silva; C © epd-bild; D © bildunion; unten: A © iris-blende.de; B © dpa picture-alliance; C © action press/Tourist; D © dpa picture-alliance; E © fotolia/Bluelight; F © Visum/Sintesi; G © Pitopia; H © dpa picture-alliance

Seite 71: Übung A4: Piktos, Karten © Hueber Verlag; Übung A6 © Thinkstock/Stockbyte

Seite 76: A © fotolia/Duey; B © PantherMedia/Heiko Küverling; C © Thinkstock/iStock/XiaoWei Xu; D © fotolia/Eric Gevaert; E © fotolia/kuhar; F © fotolia/Pascal Perinelle

Seite 78: © Hueber Verlag/Sandra Sánchez

Seite 79: von links © fotolia/Yunus Erdogdu; © fotolia/Ramona smiers; © iStockphoto/HannamariaH; © PantherMedia/Michaela Pucher

Seite 80: A © Zoo Berlin; B © picture-alliance/akg-images/RIA Nowosti; C © akg-images

Seite 82: © Deutscher Bundestag

Seite 84: A © privat; B und C © JUGEND für Europa (EuroPeers ist ein Projekt von JUGEND für Europa); Youthpass © SALTOT&CRC/JUGEND für Europa – www.youthpass.eu

Seite 86: 1 © iStock/Gene Krebs; 2 © www.kidsweb.de; 3 © fotolia/fabioberti.it; 4 © Deutsche Welle/Alexis Rosenzweig

Seite 88: Hintergrund © iStockphoto/Charlotte Bassin; von links © www.bahn.de; © fotolia/pmphoto; © Deutsches Jugendherbergswerk; © iStockphoto/Kok Jynn Tan; © iStockphoto/wsfurlan; unten © irisblende.de